野村メモ

Katsuya Nomura
野村克也

日本実業出版社

はじめに

かつて私が著した『野村ノート』（小学館）は、50年にわたる野球界での生活の中で蓄積してきた自分なりの考えを1冊にまとめたものである。

配球の組み立て、データをいかに集め活用するか、そして弱者が強者に勝つためにはいかにして戦えばよいのかといった野球理論から、人材育成の方法、指導者の心構えなどといった組織の在り方、管理術まで、私の野球人生のすべてをこの1冊に凝縮したといっても過言ではない内容だった。

実はこの『野村ノート』のベースとなったのが、現役時代から私が毎日のようにつけてきたいくつもの「メモ」である。

まだ新人だった頃から私は、その日の試合で気づいたことをメモした。捕手としては、その日受けた投手の投球内容と結果、そしてそこから導き出される反省点や改善点を。打者としては、その日対戦した投手の投球内容と結果を照らし合わせ、「その投手と次に当たった時の攻略方法」に思いを巡らせた。また、各投手の「クセ」を見抜き、それをメモして、最終的にはノートに蓄積していった。

私が現役として全盛を迎えた1960年代前後、その頃のプロ野球界はデータ分析などはほとんど行なわれておらず、だからこそ私はそこに勝機を見出し、毎日試合が終わった後、メモを取り続けた。

肉体的にも、頭脳的にも大して優れていないこの私が、打者として、そしてプレーイングマネージャーとして南海ホークスで好成績を収めることができたのは、こういったメモ書きを蓄積し、それをノートにまとめ、「弱者の戦法」として大いに活用したからである。

そもそも、メモというものにはふたつの効用があるように思う。

まずひとつ目に挙げられるのが、「**記憶力を高めてくれる（経験したこと、学んだことを忘れにくくする）**」ことである。

読者のみなさんも、きっと今までの人生の中でたくさんのメモをしてこられたことだろう。私たちが学校の授業や講習などでメモやノートを記すのは、「経験したこと、学んだことを忘れないため」に他ならない。

この第一の理由は誰もが思いつく「メモ」の効用だが、私が「メモ」することの重要性を実感するのは次に挙げる第二の効用のほうである。それは**「観察力、思考力（発想力）を高めてくれる」**ことである。

どんな仕事に就いている人にしろ、毎日の生活の中でメモを残していくには、周囲で起こったさまざまな出来事を「観察」し、メモするための素材を見出していかなければ無理である。

身のまわりで起こった出来事を観察していれば、なぜそれが起こったのかという「原因」、さらにはその後、事の顛末はどうなったのかという「結果」も見えてくる。そういったことを繰り返していれば、仮に原因や結果を知らなくても「原因は何だったのか？」「結果はどうなるのか？」ということを推察する力が養われていく。これが私が第二の効用として挙げた「観察力、思考力を高めてくれる」ということなのだ。

私は何の才能もない男だったが「弱者が強者を倒すためには何をすべきか」を常に考えてきたおかげで、プロの世界で大成することができた。

才能で劣る人間が強い人間を倒すためには、データを蓄積、活用し、相手の心理を揺さぶるような駆け引きをしていく必要がある。私は今までそういった無形の力を駆使し、有形の力で上まわる敵に勝つべく戦いを仕掛け、実際にいくつもの勝利を収めてきた。そしてそれが可能となったのは先述した「メモ」があったからで、「メモ」なくして私の人生を語ることはできない。

自分の人生を切り開いていく上で「メモ」することがいかに大切で、欠かせないことであるのか。

本書を読んでいただければ、それがきっと理解していただけるはずである。

2018年　12月吉日

野村克也

野村メモ　目次

第2章 メモが人間の幅を広げる

第3章 野村流メモ術の極意

第4章 弱者が強者に勝つためのメモ

第5章 思考力を磨くメモ

第6章 失敗を成功に変えるメモ

第7章 メモの蓄積が真のリーダーを作る

◎揮毫　野村克也
◎協力　ＫＤＮスポーツジャパン
◎編集プロデュース　髙木真明
◎校正　萩原晴一郎
◎取材協力　松橋孝治
◎カバーデザイン　竹内雄二
◎本文デザイン　浅井寛子

第1章

私を育ててくれたメモの習慣

メモが私の人生を変えた

京都の峰山高校から契約金なしのテスト生として南海ホークスに入団したのは、昭和29年のこと。プロ1年目は代打などで9試合に出場したものの11打席ノーヒットに終わり、私はプロ2年目に雪辱を期したが、がんばりが空まわりしてしまい、一軍に上がれないままファーム暮らしで終わってしまった。

「来年こそクビになるのでは？」。そんな不安を常に抱えていたが、努力だけは怠らなかった。今のようなウェイトトレーニングの機器などがなかった時代である。私はとにかく体力をつけなければと、軟式のテニスボールで握力をつけたり、砂を詰めた一升瓶で手首を鍛えたり……。チームの活動から離れた時間は、とにかく思いつく限りの体力トレーニングと素振りに明け暮れた。

試行錯誤を続けながらほかの選手の3倍、いや4倍は努力していたと思う。その結果、私はプロ3年目にしてようやく一軍に定着することができた。私がメモを取るようになったのはちょうどこの頃のことだ。

メモを取るようになったのは誰かの助言などがあったからではなく、あくまでも自主的に始めたものだった。私は頭が悪い上に、人一倍不器用である。そんな私が相手チームの打者や投手の情報を頭に入れ、攻略の糸口を見つけていくにはメモを取るしか方法がなかった。そんなわけで、**生きていく上で必要だったから、私は自然とメモを取るようになったのである**。

ロッカールームなどで私が始終メモをつけているものだから、周囲の人たちは私を「メモ魔」と呼んだ。メモしていたのは、主に相手打者の特徴（長所・短所）である。試合のあった日はロッカールームや帰りの移動バスの中で、その日対戦した打者の対戦結果を紐解きながら、その打者の長所（好きな球種、コースなど）や短所（苦手な球種、コースなど）を記していった。なぜヒットを打たれたのか、あるいは抑えることができたのかを考え、それらを克明にメモし、家に帰ってからそれらをノートにまとめた。

人間とは不思議なもので、一晩経つと前の日にあった細かいことのほとんどは忘れてしまっている。私の場合、1試合マスクを被れば、どんなに少なくても約30回は相手打者と対戦するわけで、その1打席1打席、1球1球を毎日脳に記憶し続けることなど到底不可能である。だから私は、**その日あったことはその日のうちに必ずメモするようにしていた**。夜中、メモをノートに書き記しているうちにゲーム中の興奮が蘇って眠れなくなってしまい、気がつけば夜が白々と明けていたなどということもしょっちゅうだった。

毎日毎日、ちょっとずつメモを取っていく。これは実に地道な作業であり、根気を要することだ。でも、こういった小さな積み重ねがあったからこそ、私は後に選手として3017試合に出場することができ（日本プロ野球史上2位）、さらに監督として通算1565勝（同5位）という成績を収めることができた。

「塵《ちり》も積もれば山となる」「千里の道も一歩から」ということわざもあるように、大事を成すには小さな積み重ねが何よりも大切である。みなさんにもそれだけは覚えておいていただきたい。

Memo

大事を成すには小事から

私を育ててくれたメモの習慣

南海ホークスに入団し、3年目に一軍に定着してからというもの、私はシーズン中はメモを取り続け、就寝前にノートにまとめ、その積み重ねによって正捕手の座を獲得することができた。しばらく経ってから以前書いたメモやノートを読み返してみると、「あ、こんなことがあったのか」とか「この時の自分はこんなことを考えていたのか」などと**改めて気づくこと、反省することが出てきたりするから、そういった意味でもメモは「学びの宝庫」であると言えるだろう**。

思えば学生時代、授業中に取っていたノートこそ、学びの原点である。ただし、私はそれほど優秀な生徒ではなかったので、ノートを細目に取るようなタイプでは決してなかった。でも、大人になり、プロの世界に入ってから始めた「メモを取る」という作業はさほど苦ではなかったし、メモを取れば取るほどその大切さを思い知った。

メモが学びの宝庫であることは、キリスト教の『新約聖書』や儒家の祖である孔子の残した『論語』といった、先人たちが残してきた偉大な書物を見ても明らかである。

『新約聖書』は、イエス・キリストが布教活動の中で発した言葉を弟子たちが1冊の本にまとめたものであるし、『論語』も孔子がその弟子たちと交わした問答が記録されている。

『新約聖書』は2000年、『論語』は2500年の歳月を経てもなお、人々の間で読み継がれているのだから、私はその事実を目の前にして、メモの大切さを改めて思い知るとともに、**メモが学びとなり、人を育てるのだと確信している。**

今からでも遅くはない。自分の「学び」のひとつの手段として「メモ」を取ることを、みなさんも始めてみてはいかがだろうか。私のように「学生時代はあまりノートを取らなかった」というような人こそ、その効用が実感できるはずである。

Memo 「学び」のひとつの手段として「メモ」を取るべき

大天才にもメモは必要だった

私がメモを取るようになったきっかけは、その日に覚えたこと、ひらめいたことも
ひと晩経ってしまえばそのほとんどを忘れてしまうからである。
これは何も私に限った話ではなく、多くの人が感じていることでもあるだろう。脳
科学の世界では「人はたった1日で聞いたことの約70％を忘れてしまう」ともいわれ
ている。せっかくいい話を聞いたのに、あるいは有益な情報を得たのに何もせず、翌
日になって「はて、昨日聞いたことは何だったっけ？」では、人としての成長もまっ
たく望めなくなってしまう。
また、外から得る情報だけでなく、自分の中で生まれたひらめき、構想、あるいは
いいアイデアなどを放置したがために、翌日になったらすっかり忘れてしまっていて

「メモしておけばよかった」と後悔した経験のある人もきっと多いに違いない。そういった後悔をすることなく、サポートをしてくれるのが「メモ」であり、**メモは仕事の効率を上げたり、自分の技術を高めたり、あるいは人としての成長を促してくれるのだ。**

イタリアが生んだ天才、レオナルド・ダ・ヴィンチはその生涯において1万枚以上のメモを取り、そこに自らのアイデアを記していたという。また、発明家のエジソンは「メモ魔」だったことが知られており、残したメモはダ・ヴィンチを遥かに超える300万枚。その内容も発明に関することからジョークや生活の覚書まで多岐にわたり、あらゆる場面でエジソンはメモを取っていたことがわかる。

いずれも「天才」と称されるが、そんな**偉人がメモを常に取っていたのは単なる偶然ではない**と思う。偉人ふたりが「メモ魔」だったという事実は、人は大事を成そうと思ったら日常の細かい部分をしっかりとフォローしていかなければならないということを表しているのではないだろうか。

Memo

人は忘れてしまう生き物。だからメモを取る

メモがミスを減らし、成功へと導く——メモ魔になろう

南海ホークスで選手兼任で監督を務めて以来、私はヤクルトスワローズ、阪神タイガーズ、シダックス（社会人野球）、東北楽天ゴールデンイーグルスの計5球団で監督としてチームの指揮を執った。

振り返れば、**ミーティング中などにしっかりとメモを取るタイプは、大成していった選手が多いように感じる**（まあ中には、阪神時代の新庄剛志《つよし》のような天才肌の特異なタイプもいるが……）。

とくに、ヤクルト時代はミーティングにおいてメモを取る選手が多かった。古田敦也や宮本慎也のような真面目なタイプは、「メモ魔」と呼んでもいいくらいにメモを取っていた。その他にも、「ブンブン丸」の愛称で親しまれていた池山隆寛《たかひろ》や長くチー

ムの4番を務めていた広澤克実も、私やコーチの発する一言一言をしっかりとメモしていた。

私の代名詞ともなっている「ID野球」は、このヤクルト時代に生まれた言葉である。しかし、「ID野球」は私ひとりの力で築き上げたものではない。私やコーチが発した情報を選手たちがメモし、それをプレーの中で生かしてくれたからこそ、「ID野球」という言葉がマスメディアを通じて世に広まり、私がヤクルトで監督を務めた9シーズン（1990～1998年）で4度のリーグ制覇、そして3度の日本一という輝かしい成績を収められたのだと思っている。

メモをしっかりと取る選手が大成していったのに対し、**メモを取らないタイプの選手は試合中のミスも多く、一軍に定着できずにすぐに二軍落ちになったり、あるいは人知れず引退していった。**

いくら身体能力が高くても、それだけでは食べていけないのが「プロ」の世界である。投手であれば、投げる球が150キロを超えるような豪速球でも、コントロールがなければそれは宝の持ち腐れに終わる。また、打者であれば、「当たればホームラン」というようなパワーヒッターであっても、プロの投手はそうそう甘い球を投げてはくれないから、変化球にも対応できるような技術と、「次はどの球種がどのコースに来るか？」といった「先を読む力」が必要となる。

ミーティングで聞いた話をメモし、それを読み返しながら自分の中でしっかりと消化する。そういった情報の蓄積が結果としてミスを減らすことになり、その人の「考える力」を養ってくれるのである。

監督と選手の間に生まれる「信頼」は、一朝一夕にできあがるものではない。監督の発した言葉、あるいは指示したことを選手が実際にプレーの中で実現していくことで「あっ、この選手は私の言ったことを理解してくれているんだな」と監督の中に選手への信頼感が生まれ、選手のほうも「監督の言うことを聞いていれば自分の実力が上がっていく」と監督への信頼感が育まれていく。つまり、この**相互の「信頼感」こそチームを強くする要因**であり、その原動力となるのが「メモ」なのである。

Memo

情報の蓄積がミスを減らし、その人の「考える力」を養う

ＩＤ野球の種を蒔《ま》いたブレイザー

今でこそ、プロ野球界のどのチームも情報を収集、活用するようになったが、ＩＤ野球が広まる前の球界はそのような戦略を取っているチームは多くなかった。

では私はいつ、どこでＩＤ野球の重要性に気づいたのか。それは南海ホークス時代、ドン・ブラッシンゲーム（登録名が「ブレイザー」だったのでこの愛称で親しまれた）とチームメートとしてプレーするようになってからである。

私がブレイザーから受けた影響をお話しする前に、彼が現役時代どのようなプレーヤーだったのかに関してちょっと触れておきたい。

ブレイザーがメジャーリーグにデビューしたのは１９５３年（昭和28年）のこと（所

属はセントルイス・カージナルス）。彼は堅実な守備のセカンドとして実力を発揮し、オールスターゲームに出場するほどの人気を博していた。

私が彼に初めて会ったのは、昭和33年の秋に行なわれた日米野球でのこと。この時、アメリカ代表としてセントルイス・カージナルスが来日し、私は南海ホークスと大毎オリオンズ（千葉ロッテマリーンズの前身）の連合チームの一員として参加。そこでブレイザーのプレーを目の当たりにしたのである。

彼は噂通り、守備ではセカンドで好プレーを連発。それだけでも私たちは十分に驚かされたが、私がさらに感心したのは彼が打者として出塁、一塁走者となった時のことだった。

捕手である私が投手へ返球しようとすると、一塁走者の彼は二塁へ行くような素振りを見せる。それに釣られて私が二塁へ投げようとすると彼は一塁へ戻り、一塁へ投げようとすると再び二塁へ行こうとする……。まるで私をからかっているかのような素早くかつ機転の利いた走塁で私は随分と冷や汗をかかされた。

ブレイザーはその後、昭和36年にワールドシリーズに出場するなどカージナルスで活躍したが、ケガなどにより徐々に出場機会を減らしていった。そんな引退間際の彼に声をかけたのが南海ホークスだったのだ。

昭和42年にホークスの一員となった彼は35歳のベテラン選手（私は32歳）だったが、メジャー仕込みの華麗なプレーで多くのファンを魅了した。私たちチームメートも彼の華麗なプレーの裏に隠された緻密さ、さらに普段の野球に対する真摯な姿勢から多くのことを学ばせてもらった。

例えば、こんなプレーがあった。ランナー一塁の守備の際、バントを警戒した一塁手はホーム側に前進。ボール球だったため打者は投球を見逃したのだが、ふと一塁を見るとセカンドのブレイザーがベースカバーに入っているではないか。捕手の私はその瞬間、一塁へ素早く送球し、リード幅の広がっていた一塁走者を難なくアウトにすることができた。

今ではこのプレーは誰もが知っている内野のサインプレーのひとつだが、当時はそんなサインもなければ、フォーメーションも存在しなかった。これはあくまでもブレイザーを語る上での一例だが、こういった**「次のことを考えてプレーする」というアメリカ仕込みの「シンキング・ベースボール」を目の当たりにした**私たちは「こんな野球があったのか」と驚くと同時に、彼からいろいろなことを学んでいった。

当時の私は暇さえあれば彼と野球のことを論じ、わからないことがあれば彼を質問攻めにした。そして、彼から得た知識をメモし、自分の財産としていったのである。

ブレイザーの実践する「シンキング・ベースボール」に触れ、私はいつしか「将来、こんな選手と一緒にチームを運営できたらどんなに素晴らしいだろう」と思うようになった。

南海ホークスから「プレーイングマネージャー」を打診された昭和44年のオフ、私は最初は固辞したものの、当時のオーナーである川勝伝さんから「よく検討したが君しかいないんだ。チームを立て直してほしい」と懇願された。そこで私がフロントに提示したのが「ブレイザーをヘッドコーチとしてくれるなら」という条件だった。私は彼をそこまで信頼していたのである。

果せるかな、ブレイザーは私が思っていた以上に「シンキング・ベースボール」をチーム内に浸透させてくれた。「ヒット・エンド・ラン」のサインひとつ取っても、彼はその戦術をさらに高い次元のプレーとして選手たちに理解させた。

当時、選手たちはヒット・エンド・ランのサインが出たら「とにかくバットに当てる。空振りしない」程度の認識しかなかった。でも、ブレイザーは「一・二塁間、あるいは三遊間、どちらかに狙いを絞って打て」と選手たちに指示を出した。二塁のベースカバーに入るのがセカンドなら一・二塁間が空くし、ショートなら三遊間が空く。

「相手チームをしっかりと観察し、どちらを狙えばいいか考えて打て」というわけである。そしてそのために、出塁した走者は常にスタートを切る振りをするなどフェイントをかけて、相手野手の動きをチーム全員に知らしめることが重要だと説いた。

「投げて打って走る」をちょっと進化させた程度の野球しかしてこなかった選手たちにとって、ブレイザーの教えは驚きをもって受け入れられた。でも選手たちは「ブレイザーの言う野球は高度だが、それを実践すれば自分たちはもっと強くなれる」と確信しているようでもあった。ミーティングでもメモをする選手が増え、そんなチームの進化に比例して監督就任4年目の昭和48年、ホークスは念願のリーグ優勝を果たすことができたのである。

Memo

わからないことは質問し、それをメモすることで財産となる

私はどのようなメモを取っていたのか

現役時代、ほぼ毎日メモを取り続けていた私だが、では一体どのようなメモを取っていたのか、ここで具体的にご紹介したいと思う。

先述したように私がメモしていたのは、主に相手打者の長所、短所、そして投手のクセといったものである。とくに「投手のクセ」は短期間で変わる（その投手がクセを見破られていることを察し、フォームを変える）ことが多く、メモをまとめたノートを見直してはその都度、変更点を書き込むようにしていた。

ある投手のクセとして、当時の私はこんなことを書いている。

ワインドアップで帽子のマークが見えないとストレート、見えるとカーブ。はっきりと見える時は１００％カーブ。

ワインドアップとは、投手が投球動作に入る前に両腕を頭の上に掲げるフォームのことで、この時、ボールの握り方によって両腕の開き具合にちょっとした差が出る。

私はそういった投手のクセに気づくたび、メモを取るようにしていた。ちなみにその投手に関しては後日、メモをまとめたノートに赤字で「ワインドアップでのクセは修正されている」と記されている。このように**私は投手のクセの変化を見逃さないよう、常に細心の注意を払って観察し、新しい情報を得るとすぐに書き直していた。**

ちなみに、書き溜めたメモを私がどのようにノートに写していったかについて、気になる読者もいるかと思うので、簡単に説明しよう。

私は対戦投手、対戦打者ごとに1ページずつを割き、ノートを作成していた。就寝前にその日に取ったメモを見返して、その中から重要と思う箇所をノートに書き写すことで、頭と紙に記録する、ということを繰り返していったのだ。メモは瞬時に記録するため頭が整理されていない状態の記述も多いが、冷静に見返し、状況を頭の中で思い出し、それをノートに記録する。そうすることで、私の中で「反省野球」が実現する（これについては後述する）。さらに、手書きで書き写すという行為により、脳が活性化されるため、しっかりと記憶に刻まれていく感覚が出てくるのだ。

何のことはない方法なので、肩透かしを食らったと感じる方もいるだろうが、**こうした地道な作業を続けていくことが意外と難しいのではないかと思う。そして、続けることで結果が違ってくるというのは断言してもいいだろう**。つまらないことでも凡事徹底、その繰り返しが私の野球生活であり、人生だった。だから凡人でも大きな結果を手にすることができたということを申し上げておきたい。

話をもとに戻そう。投手のクセはフォーム以外にも、捕手の出したサインにうなずく時の「うなずき方」などにも表れた。元読売巨人軍の西本聖《たかし》投手は切れ味鋭いシュートで打者を打ち取る好投手だったが、その球種に人一倍自信があるものだから、捕手がシュートのサインを出すといつも以上に深くうなずくことが多かった。

また、それとは逆に投手によっては自分が不得意な球種、あるいはその日の調子がいまいちな球種を要求された際に「自信のなさそうなうなずき方（あいまいなうなずき方）」をする投手もいた。投手のクセといったものはその都度変化していくものであったが、私は肉体的な変化に加え、そういった**「投手の性格」も把握しながらクセを見抜くようにし、それを毎日メモしていた。**

手前味噌だが、私は投手のこうしたさまざまなクセを見破る術に長けていたのだと思う。だからこそ、戦後初の三冠王や通算本塁打657本、通算安打数2901本（ともに歴代2位）という好成績を収めることができた。そして、その大きな支えとなったのが、毎日取り続けた「メモ」だったのだ。

Memo

観察を続けることで、メモは常に書き直される

メモは人間を支える、時代を超えた最強ツール

人間は脳を発達させ、言葉や道具を生み出し、進化を続けてきた。人間がこの地球上で万物の霊長でいられるのは、さまざまな道具を生み出し、文明を発展させてきたからだ。

人間の脳は、私たち人類に多くの恵みをもたらしてくれた素晴らしい機能である。しかし、超人的な記憶容量の脳を持っている人は別にして、大抵の人の脳は記憶容量に限界がある。

優れた脳を持たず、しかも人一倍不器用だった私は、自分を救う道具として「メモ」を活用した。メモがあれば、とても素では覚えきれないほどの膨大な量の情報も貯えておくことができるし、いつでもそれを活用することができる。今や時代はパソコン

やスマートフォンといったデジタル機器によって情報を管理しているが、**私は電気を必要としない「メモ」こそ、時代を超えた最強のツールだと思っている。**

ただ、そうはいっても、現代社会にとってデジタル機器はなくてはならない存在である。若い人たちには手書きのメモより、タブレット端末やスマートフォンにメモをするほうがとっつきやすいに違いない。

メモを取るのに、「こうすべき」という唯一の方法はない。メモ帳や手帳に書きこむほうがやりやすい人はそうすればいいし、タブレットやスマートフォンがいい人はそちらにメモを取るようにすればいい。**自分にとって「これが一番やりやすい」という方法でいいのだ。**

ただし、「手書きのメモ」と「デジタル機器へのメモ」では、「手書き」のほうが優位性があると私は思う。それは先述したように、手を使うことで脳が刺激されるので、書いたことが鮮明に記憶されるといったことを実体験から学んだからだ。特に、続けていくうちに脳内で「記憶の容量が増える」という感覚が出てくるから不思議なものだ。

メモの効力は「記憶容量が増える」ということだけではない。その他にもメモがあること、あるいはメモやノートを見直すことによって、次の利点があると感じている。

・仕事の効率が上がる

・発想が豊かになる

さらに人によってこれら以外に「私にはこんな効能があった」ということもあるだろう。

とにかく、**メモはいつの時代も「利点あって欠点なし」**の私たちのサポートツールである。こんな便利な道具を活用しない手はないと思う。

Memo

手を使うことで脳が刺激され、書いたことが記憶に残る

解説者になって気づいたこと
——メモを大局的視点で捉える

27年間着続けたユニフォームを脱ぎ、私が現役を退いたのは昭和55年のことだ。翌年から解説者としてバックネット裏から野球を見るようになったのだが、私はここでそれまでの自分にはなかった新たな視点が生まれていることに気づいた。

捕手というポジションから見る野球と、バックネット裏から見る野球では見え方がまったく異なり、それまで見えなかったこと、感じられなかったことがわかるようになったのだ。

「岡目八目《おかめはちもく》」という言葉がある。これは碁を打ちあっている当事者より、それを横から見物している人のほうが「八目も優れて」戦いの展開が見えているという意味である。

バックネット裏から野球を見た私は、まさに「岡目八目」を実感していた。プレーヤーとして現場にいた時の私は「勝ちたい」という〝欲〟もあったし、チームやチームメートを思う〝情〟もあった。自分では冷静に、客観的に物事を判断しているつもりだったが、心の片隅にある〝欲〟や〝情〟が私の目を曇らせ、視野を狭めていた。バックネット裏から野球を見て、私はその事実に気づかされた。

現役時代に続けていたメモを取る作業は、言い換えれば「部分的に切り取ったものの蓄積」である。私はその蓄積を総合的に捉え、プレーしているつもりだったが、さらにそれらを**大局的な視点で捉えると、また違ったものが見えてくる**ということなのだ。

ビジネスマンの方々も「部署が移動となり、それまでいた自分の部署を外から見るようになったら、それまで見えなかったことが見えるようになってきた」というような経験があるのではないだろうか。また、初年度に経験する物事はうまくいかないが、2年目、3年目になると、最初に苦労したことが嘘のようにスムーズに業務を進行できるようになる、という経験をしたことがある方も多いと思う。これも客観的な視点が身についたからだと言えるだろう。
人は直接その物事にかかわっていると、自分ではわかっているつもりでも、冷静さを欠いたり、あるいは大局的な視点を失ったりしてしまうものなのかもしれない。メモを細目に取りつつ、時にまとめたノートを読み返して冷静かつ客観的に、より大きな視点で物事を捉えていくことが非常に大切なのだ。

Memo
冷静かつ客観的に、大きな視点で見る習慣を作る

いいメモを書くコツ

私のメモには、相手打者の長所や短所を克明に記していたが、ただダラダラと長所、短所をメモしても、それでは脳にインプットされにくいし、後で見た時にも要点がつかみづらい。

では覚えやすく、かつ見直した時にも瞬時に理解できるメモを書くにはどうしたらよいのだろうか。いいメモを書くコツは、要点をできる限り絞り込み、本当に言いたいこと、覚えておきたいことだけを記すことだ。そして、そのためにもっとも有効な書き方が「ポイントを絞り、内容を箇条書きにする」のである。

例えば、相手打者の攻略ポイントをメモするとしよう。思いつくままにメモした場合と箇条書きのどちらが見やすいか、ちょっと比べてみたい。

〈思いつくままにメモした場合〉

山田太郎の攻略法

山田は真ん中高めからインコース高めにかけてのゾーンには滅法強く、このゾーンにストレートを投げるとホームランにされる可能性が高い。逆にアウトコースは苦手としており、とくにアウトローの落ちる系の変化球は有効。0ボール・2ストライク、あるいは1ボール・2ストライクなど、追い込まれた状況になると多少のボール球でも振ってくれるのでそういった場合はアウトローの変化球で勝負するのがよい。

〈箇条書きにメモした場合〉

山田太郎の攻略法

① 追い込んだらアウトコース（とくに低め）で攻める

②　球種は落ちる系が有効
③　追い込まれると多少外れたボールでも振ってくれる
④　投げてはいけないゾーン→真ん中高めからややインコースより（滅法強い。とくにストレートは長打になる可能性高し）

いかがだろうか？　どちらが見やすいか、理解しやすいかは、もはや私が言うまでもないだろう。

ここで紹介した攻略法は、みなさんにわかりやすいようにオーソドックスな内容としたが、実際には打者というものは投手のタイプ（右投げ・左投げ、速球派・軟投派、本格派・技巧派など）や置かれた状況（走者の有無、試合の序盤・終盤、優勢・劣勢など）によって傾向も大きく変わってくる。それをただ単にその選手の「特徴」「傾向」として書き連ねているだけでは、そのメモは後に生かせる「データ」とはならない。

企業の社訓なども、次のように箇条書きにされたものが多い

一、○○すべし

二、○○せよ

これも箇条書きは「見やすく、覚えやすい」という利点があるからだろう。メモに即して考えると「書きやすい」も加わる。

私自身はメールを使うことはあまりないのだが、たいして内容のないことでも頭にスッと入ってこないメールを書く人はけっこう多いと聞く。

会社などで「Aさんの書くメールはいつも読みやすいけど、Bさんのメールは頭に入ってこない」と思ったことはないだろうか。きっとAさんはポイントを絞ってメールを簡潔に書いているからわかりやすく、Bさんのメールはただダラダラと言いたいことを書き連ねているだけだからわかりにくくなってしまっているのだと思う。

自分にとっても、相手にとっても見やすく、理解しやすい「箇条書き」メモを、後の有効な「データ」とするためにも、ぜひ取り入れてみていただきたい。

Memo

箇条書きは「見やすく、覚えやすく、書きやすい」

第2章
メモが人間の幅を広げる

私の武器、それは「考える力」

そもそも、私がメモを取るようになったのは、突き詰めれば「相手チームに勝つため」であり「好敵手に勝つため」だった。私の目の前に立ちはだかる強者を倒すため、私はメモをもとにデータを蓄積し、それらの情報を徹底的に分析し、根拠のある予測を立て、実戦に臨んだ。

私が一軍に定着したばかりの1950年代後半、我々南海ホークスの前に大きく立ちはだかっていたのは、福岡に本拠地を置く西鉄ライオンズだった。西鉄には昭和を代表する大投手である鉄腕・稲尾和久を筆頭に、西村貞朗《さだあき》、河村英文《ひでふみ》、池永正明といった素晴らしい投手が揃い、なおかつ中西太、豊田泰光、大下弘、関口清治《せいじ》など強打を誇る打線も保持していたため、まさに天下無双の状態だった。セ・リーグの覇者であった読売巨人軍を退け、3年連続で日本一になるなど黄金期を迎えていた。

元来、私は相手が強ければ強いほど「何とかしてやろう」と奮い立つ気質である。この頃の西鉄はまさに相手にとって不足なし。「いかに西鉄を倒すか」が、その頃の私の最大のテーマであった。


そんな中、私の研究心をさらに燃え上がらせたのがエースの稲尾である。巨人との日本シリーズで4連投し4連勝を挙げ、自分の右手一本で日本一を勝ち取ったこの鉄腕をいかに攻略するか。好敵手を打ち倒すべく、私は日々研究を重ねた。

稲尾はストレートのキレが素晴らしく、コントロールも当時の球界ナンバー1だった。そんな好投手を攻略するには「ヤマを張る」しかない。そこで、私は稲尾のクセを見抜くために16ミリフィルムで彼の投球フォームを撮影し、それこそフィルムが擦《す》り切れるほど何度も見返した。

研究の甲斐あって、私は稲尾が振りかぶった時、グローブと右手の隙間から見えるボールの面積が投球によって異なることに気がついた。これによって私は**彼がインコース、アウトコースのどちらに投げようとしているのか、90%以上の確率で察する**

ことができるようになった。さすがに球種の見分けまではつかなかったが、当時の私にとってはコースの判別がつくだけでも十分だった。

この発見によって私は「対稲尾」の打率を向上させることに成功した。だが、当時の球界には「ヤマを張る」という行為は、三流がとる恥ずかしい手段だと見なされていた。「一流なら正々堂々と来た球を打ち返せ」というわけである。

私は監督になってから、自分のチームの捕手には「配球には根拠がなければならない」と口酸っぱく言い続けてきた。これは打者にも同じことが言え、投手の配球を読むにしても、ヤマを張るにしても、そこには理路整然とした根拠がなければならない。そしてこの「根拠」によって導き出された「予測」こそ、プロのプロたる所以《ゆえん》だと考えている。

私にとっての「根拠」とは、日々の情報の蓄積であり、それは毎日取っていた「メモ」に他ならない。メモによって情報を集め、研究することによって私はプロとしての「考える力」＝「予測能力」に磨きをかけていった。

峠の過ぎたベテラン選手を復活させることから、私はマスコミから「野村再生工場」

とよく呼ばれた。だが、ベテラン選手たちは私の力によって再起を果たしたわけでは決してない。私は「ただ打者に向かって投げていただけ」の投手に、あるいは「来た球を打つだけ」だった打者に、「もうちょっと考えて投げる（打つ）ようにしてみれば？」と「考える」ためのヒントを与えただけなのだ。

私の唯一の武器ともいっていい「考える力」を高めてくれたのは、ここに紹介した稲尾の他、長嶋茂雄や王貞治といった「超一流」と呼ばれる好敵手たちだった。今の私があるのも、彼らがいてくれたからこそである。

Memo

情報を集め、研究することで「考える力」＝「予測能力」に磨きをかける

イーグルス就任で掲げた「無形の力を養おう！」

本書の「はじめに」でも少し触れたが、私は**メモを取ることによって無形の力を養い、私よりも（あるいは自チームよりも）有形の力で上まわる強者たちを倒してきた。**

「弱いものが強いものに勝つ」。それが私の生きがいだった。そしてそんな私を支え続けてくれたのもメモの存在だった。

「無形の力を養おう！」

監督として、この言葉をチームのスローガンに掲げたことがある。そう、それは2006年、東北楽天ゴールデンイーグルスの監督に就任した時だった。

2004年に勃発した球界再編騒動によってイーグルスは誕生したわけだが、その布陣はオリックスブルーウェーブ（現オリックスバファローズ）に吸収された大阪近鉄バファローズからこぼれてきたメンバーが主体だった。岩隈久志や礒部公一、投打の主力が入ってきたのがせめてもの救いだったが、この布陣でシーズンを戦わなければいけなかった初代監督の田尾安志は本当に大変だったと思う。

イーグルスから監督就任要請があったのは、チームが1年目を終えたばかりの2005年のシーズンオフだった。

田尾監督を1年で切るという球団のやり方には正直疑問を感じたが、この年になっても「監督に」と声をかけていただいたことが何よりもうれしく、またありがたくも感じ、その申し出を受けることにした。

しかし、私が引き受けたチームは、過去に例のない弱小チームである。かつてヤクルトスワローズの監督を引き受けた際に、「1年目に種を蒔き、2年目に芽を育て、3年目に花を咲かせる」ことを目標に掲げたが、イーグルスは蒔く種すらなかった。だから、私は「土を耕す」ことと「蒔くための種を探す」ことを並行して行なわなければならなかった。これではヤクルト時代よりも余計に2年はかかってしまう。そんなことから当時の私はマスコミに対して「『石の上にも3年』と言うが、今回は風雪5年だよ」と思わずこぼしてしまった。

しかし、元来の気質からして「弱者が強者を倒す」ことを生き甲斐にして生きてきた。「こういうチームを強くしてこそ、本物の指揮官である」と強く感じたのだ。

だが、そのためには、段階を追ってチームをじっくりと強くしていかなければならない。そこで私は、それまでの私がそうして生きてきたように、チームスローガンとして「無形の力を養おう」と掲げたのである。

Memo

「無形の力」は、時に「有形の力」を上まわる

メモの蓄積が私の「人間の幅」を広げてくれた

現役を退き、プロ野球の解説者、評論家として仕事を始めた私は、それまで毎日のようにつけていたメモをすっかり取らなくなった。私の頭の中には27年間蓄積した「データ」があったから、私はそのデータをもとに目の前で展開するゲーム、プレーについて解説するだけでよかったからだ。知らない選手がいたとしても、それは現場で情報を仕入れ、インプットすれば十分だった。

現役時代と異なり、すっかりメモを取る習慣から離れてしまった私だったが、ほどなくして再びメモを取らざるを得ない状況に追い込まれることとなった。それまでまったく無縁だった「講演」という仕事が舞い込んでくるようになったからである。

大勢の人の前で話すことには元々苦手意識のあった私なので戸惑いはあったが、「こんな私にお話をくださったのだから」とまずは講演の仕事を受けてみることにした。

ところが、講演という慣れない仕事を軽い気持ちで受けたのが間違いだった。初めての講演の時の話である。演壇に上がり、大勢の聴衆を目の前にした途端、私の頭の中は真っ白。何をしゃべっているのかさえ自分でよくわからず、事前に話すテーマや全体的な進行は考えていたものの、持ち時間は1時間半あったのに30分ですべてを話し終えてしまった。その後の1時間は質疑応答で何とか乗り切ったが、恥ずかしくて逃げるように会場を後にしたことを覚えている。

「講演なんてもう二度と御免だ」というのが当時の正直な気持ちだった。だが、妻の沙知代から「声をかけてもらえるだけありがたいでしょ。1回くらいであきらめず、もうちょっとやってみなさいよ」と尻を叩かれ、講演の仕事を続けることになった。

だが、その後何度か挑戦しても、演壇に上がるとうまくしゃべることができない。そのストレスは自分が思うより大きかったようで、現役時代にはなったこともない「円形脱毛症」にもなった。

悩んだ末、私は「こうなったら人の言葉を借りて、自分なりのストーリーを紡いでいくしかない」と腹をくくった。**本を読み、心に響く名文をインプットし、それを自**

分の野球人生に重ねながら語っていくしか方法はないと考えたのである。以来、私は寸暇を惜しみ本を読み漁った。そして気に入った言葉があればすぐにメモした。

そんな生活を2〜3年も続けると、徐々に演壇に上がることにも慣れてきて、「講演のコツ」みたいなものもつかめてきた。次第に私の講演は評判となり、全国から引っ切りなしに依頼が舞い込むようになった。

一番ハードだった頃は、年に300回以上の講演をこなしていた。それだけの数の講演をこなそうと思ったら、自分の中の引き出しも当然のことながら増やさなければ間に合わない。私は現役時代以上の「メモ魔」となり、日々読書に勤《いそ》しんだ。

この頃にメモした言葉は、私の中に今もしっかりと残っている。そう考えると、さまざまな文献から得た「名文」や「心に響く言葉」たちは、当時の私の講演内容をより充実したものにしてくれただけでなく、私の「人間の幅」も広げてくれたように思う。

Memo

メモしてきた心に響く名言が、人間の幅を広げる

成功者たちは常に問い続けている

ヤクルトスワローズで監督をしていた時の正捕手の古田敦也、さらに楽天イーグルス時代の正捕手・嶋基宏《もとひろ》、この2人に私はいつもベンチで語りかけていた。守備から帰ってきた彼らに対し、「あの時、投げさせた球種、コースの根拠は何や？」と。

捕手が配球を考える時、選択肢は大きく分けると次の形になる。

・インコースか？　アウトコースか？　・高めか？　低めか？
・ストレートか？　変化球か？　・ストライクか？　ボールか？

捕手が「投手に何を投げさせるか？」を考えるのは、これらを組み合わせた16種である。ゲームはいま何イニング目か？　点差は？　ボールカウントは？　アウトカウントは？　さらにその打者は前の打席でどのような対応をしたか？　あるいは前の投球にどのように対応したか？　ベンチからのサインは？　捕手はそういったことをすべて考慮した上で、投手に「次はこのボール」とサインを出すわけで、そこには確かな根拠がなければならない。

だから私が古田や嶋にその根拠を問うた時、彼らが「直感で……」とか「何となく……」というような返答をしてきたら「何を言っとるんだ！」と叱りつけることもたびたびあった。

私は現役時代から、捕手として常に「結果よりもプロセスが大事」と思ってやってきた。**適当に出したサインで相手打者を抑えたとしても、次に生かすことのできない根拠なき配球では何の意味も持たない。**根拠のある配球なら、たとえ打たれたとしてもその失敗を次に生かすことができる。これは野球に限らず、いろいろな仕事においても同じことが言えるのではないだろうか。**「結果を出せば何をしてもいい」とばかりに仕事をしていても、そのような適当なやり方では長く結果を残し続けることは決してできない。**

プロセスを大切にしたいなら、常日頃から「○○とは？」と問題意識を持って考え、自分なりの答えをメモし続けることが重要である。

毎日、何でもいい。「この仕事の意味は？」「利益を上げるには？」「どうやったら相手に喜んでもらえるか？」そういったことを問い続け、その答えをメモしてみたらどうだろう。同じ質問でも、時が経てば答えが変わることもある。その変化を「自分の成長」として確認できるのも、メモの大きな利点と言えよう。

長く結果を出し続けている人、あるいは社会から評価される成功者たちはみな常に「○○とは？」と根拠を問い続けている。みなさんにもぜひ、そんな「プロセスを大切にする生き方」をしてほしい。

Memo

結果よりもプロセスが大事

「マイナス思考」のすすめ

野球は「筋書きのないドラマ」などとよく言われる。たしかに、最終回に大差を逆転してのサヨナラ勝ちなどを目撃すればそう言いたくなるのもわかるが、基本的な部分に目を向ければ野球に「筋書き」はある。そのドラマの筋書きを書いている人、それは「捕手」である。

私は昔から「捕手はドラマの脚本家のようなものだ」と、よく言ってきた。自分の考えた筋書きの配球を組み立て、ゲームを支配する。チームには指揮官と呼ばれる「監督」がいるが、グラウンドの中で実際にゲームを支配しているのは捕手なのだ。

捕手は考え得るあらゆることを想定しておかなければならない。相手打者を抑えることに主眼を置くことは当然だが、こちらの読み通りにいかず打たれることもある。

そういった場合に「では、次はどうするか」と考える。あるいは優勢にゲームを進めていたが、あるピンチをきっかけに逆転されてしまった。そこでお手上げ状態になってしまっては、とてもではないが捕手は務まらない。逆転されたとしても「では、次にどうするか？」をグラウンドで真っ先に考え、ナインに示すのが捕手の役目である。

そう考えると、捕手はいつ何時でも「最悪の状況」を見据えていなければならず、私が普段からどちらかと言うと「マイナス思考」なのもそういった捕手の役割からくる、ある種の職業病とも言えるのかもしれない。しかし、私はこの「マイナス思考」があったからこそ、捕手として活躍できたのだと思っている。

「勝ちに不思議の勝ちあり。負けに不思議の負けなし」

これは監督時代、私がよく発していた言葉である。「勝負は時の運」と言ったりもするが、野球も運によって勝敗が左右されるようなことがしばしば起こる。だが、勝った場合は「運がよかった」でもいいが、負けた場合に「運が悪かった」だけで済ませているようではプロとは呼べない。

負けた時、あるいはうまくいかなかった時こそ「なぜ負けたのか？」「どうしてうまくいかなかったのか？」を考えることが重要である。失敗の中には「成功のカギ」がたくさん隠されている。失敗の理由を探し、それを突き詰めて考えていくことで、成功への道筋が見えてくるのだ。

私のように小心者で日頃からマイナス思考な人間は、ついつい物事を悪いほうに考えてしまう。でも、そんな人間のほうが「負けの原因」を探っていく意識が高く、たとえ「最悪な状況」になったとしても対応が早い。そんなわけで「自分は小心者だから」と卑下することはない。私の考えでは、小心者のほうが成功すると言えるのだから。

Memo

失敗の理由を探し、突き詰めて考えることで成功への道筋が見えてくる

過去のメモやデータがすべてではない

すでに述べたが、私が現役時代に取っていたメモには「投手のクセ」が多く記されていた。

長嶋や王のように天分だけで（もちろん陰の努力があることは言うまでもないが）3割を打てる打者ならいいが、私レベルの打者が3割を打とうと思ったら、トレーニングを積むだけでは到底目標を達成できない。そこで思い立ったのが、「投手のクセを見抜き、配球を読む」という自分なりのやり方だった。

スポーツ界において、とりわけプロ野球界には「2年目のジンクス」という言葉が昔からよく用いられる。新人王を取るような活躍をしたルーキーが、2年目になると前年の活躍がまるで嘘のように成績を落としてしまうことを意味する言葉であるが、この私もそれに近い経験をしたひとりであり、その時に私の唯一の武器である「メモ」が大きな助けとなった。

ただし私の場合は「2年目のジンクス」ではなく、「5年目のジンクス」だった。入団4年目、私は3割、30本塁打を達成し、初の「リーグ本塁打王」にも輝くことができた。苦労してレギュラーを獲得し、人の3倍、4倍の努力をして手に入れた「本塁打王」である。喜びもひとしおだったが、まだ若かったこともあり、私は有頂天になってしまった。

当時の私は入団3年目に捕手という定位置を何とか確保したばかりの、いわばルーキー的な存在だった。相手投手も私のことを舐めてかかってきてくれていたから、つけ入る隙がたくさんあった。そんなわけで、投手の球種・コースを読むことにも慣れてきた入団4年目に打率3割を達成するとともに、本塁打王の称号を獲得できたのである。

そして迎えた次の年。私は前年と同じ考え方でバッターボックスに立ったが、どうも勝手が違う。対戦する投手すべてが、前年とはまったくの別人のように思えた。相手チームは私の「打者としてのデータ」を総ざらいしていた。私は丸裸にされているのにも気づかず、バッターボックスで踊らされていたわけだ。このような状態では、前年のような打撃ができるはずもない。

相手バッテリーは私が苦手とする配球、組み立てで、私の弱点を突いてきた。私がクセを見抜いていることに気づき、その修正をしてきた投手もひとりやふたりではなかった。これでは昨年まで書き溜めたメモは参考にならない。私は原点に立ち返り、再びひとりひとりの投手たちと対峙し、対応策を一から練ることにした。

この経験があったことで、私は、「プロの駆け引き」にどう対応していくべきなのかを学ぶことができた。過去のメモ、データは参考にはなるが、それがすべてではない。**常に目の前の敵を意識し、対戦で得た旬な情報をもとに対策を練る**。「進化しているのは自分だけではない」ことを念頭に、生きていくことが大切なのだ。

Memo

過去のデータで安心し、慢心することなかれ

物事を考える時は、いくつかの「軸」を決める

私が「投手のクセ」に注目するようになったのは、自分が不器用だからである。器用な打者は投手のクセなど気にしなくても一定の成績を収めることができるが、不器用な私がそのまま勝負をしても勝ち目はない。そこで私は自分の「不器用さ」という欠点を補うために、ある程度、事前に配球を予測できる「クセを読む」という技術を習得し、血眼になって投手のクセを探したのである。

私のメモには投手のクセがいろいろと記されていたが、投手を攻略する上で私は基本的に次の4つを軸に対応を考えた。

①球種を知る
②コンビネーションの傾向を出す
③クセを見る
④性格を読む

現役時代の私は、これらを軸に気づいたことをメモして、それぞれをさらに細分化して投手それぞれの攻略法を考えていた。これは、私がプロ野球という競争の激しい世界の中で生きていくために身に着けたひとつのやり方である。

この手法は職業を問わず、社会の中で生きていく上で広く使えるものであるとも考えている。

例えば営業マンなら、取引先との商談をまとめるために4つの軸を考え、先方の担当者を口説くための手法を編み出せばいい。私ならば、次のような具合に軸を据えてみる。

① 相手の仕事の内容をよく知る
② 相手が何を求めているのかを知る
③ 相手の好みを知る
④ 性格を読む

もちろん、やり方は人それぞれであるから「私なら軸をこうする」という考えがあっていい。自分なりのやり方で答えを導き、それを社会で生きていく上での武器にすればいいのである。

Memo

4つの軸で相手を攻略していく

ＷＨＹを考えることで、伸びしろが変わってくる

まだ若手だった頃、試合前に新聞記者たちと雑談している時、野球のセオリーの話になった。するとある記者が「私たち記者が原稿を書くときには〝５Ｗ１Ｈ〟というセオリーがある」と教えてくれた。その記者は〝５Ｗ１Ｈ〟が１つでも抜けると、原稿は不完全なものになってしまうのだとも言った。

その時、教わった〝５Ｗ１Ｈ〟とは、次の６つの条件の頭文字を取ったものだ（私は当時、初めて知ったが、みなさんにとっては何を今さらと思うかもしれないが）。

①ＷＨＯ　誰が？
②ＷＨＡＴ　何を？

③ＷＨＥＮ　いつ？
④ＷＨＥＲＥ　どこで？
⑤ＷＨＹ　なぜ？
⑥ＨＯＷ　どのように？

たしかに新聞を読んでいると、この6つの条件がしっかりと満たされていることに気づき、「なるほどな」と唸らされた。

以来、私もメモを取る際には、〝5Ｗ1Ｈ〟に気を配るようにした。それは次のように、打撃成績を記すような時にもよく活用した。

①誰の？
②どのボールを？
③いつ？
④どこで？
⑤なぜ打てたのか？
⑥どうやってその結果に至ったのか？

単純なことの羅列に過ぎないが、**それぞれの項目をしっかりと記すことで、メモはその後の重要なデータとなるのである。**

また、ある人から「それに加えて、〝WHY NOT〟もあるよ」と教えられ、私は、「なぜ打てなかったのか?」「なぜ思い通りにいかなかったのか?」をより深く考えるようになった。これは一般社会にも通じる概念と言えるかもしれない。例えば、A社とB社があるコンペで争い、A社が仕事を受注できたとする。その時、A社の社員たちは**「なぜ私たちが勝てたのか?」より「なぜ、負けなかったのか?」を考えるべきだろう。**なぜなら、その〝WHY NOT〟こそが、後の戦略によい影響を及ぼし、会社の利益となるからである。

Memo

たとえ勝ったとしても〝WHY NOT〟を忘れない

選手の声がけひとつで結果が180度変わる

テレビカメラの前でいつも愚痴ばかり言っていたからだろうか。あるいは監督時代にヤクルトスワローズの古田敦也や楽天イーグルスの嶋基宏に対し、ベンチで小言ばかり言っていたからだろうか。世間の人たちは私のことを「難しいことばかり言っている頑固親父」と思っている方も多いようだ。

でも、私の指導者としてのやり方は決して小言だけを述べたり、叱ってばかりだったりしていたわけではない。むしろ、選手たちを伸ばすためには「ほめることが重要である」と考えていたから、「8つほめて、ふたつ教える」くらいの感覚を持って選手たちと接していた。

グラウンドは戦場であるから、そんな戦いの場で選手を叱責ばかりしていたら、チームの士気が下がってしまう。だから、私は叱ることはキャンプなどの練習の場だけにし、戦いの現場では選手の失敗には目をつぶり、「気にするな。お前ならできる。次を何とかしよう」と**選手の気持ちを前向きにし、その実力を十二分に発揮できるよういつも気を配っていた。**

試合中、ミスをした選手に向かって「何をやっとるんだ！」と怒鳴りつけるだけでは、チームにとってプラスになることは何ひとつない。そんな時こそ「お前なら大丈夫だ」と気を楽にさせてやることが、何よりも肝心なのだ。

ピンチになると捕手である私がマウンドに駆け寄り、投手に声をかける。この時も、投手の心理がマイナス思考とならないよう言葉にはいつも気をつけていた。

例えば、コントロールはいいが、球威があまりない投手に対してそれについて気づいてメモしたとしても、「球威が落ちてきている。コントロールをひとつ間違えば打たれるぞ」などと言っても、それでは投手をより神経質にしてしまうだけである。だから私は、そんな時は「お前のコントロールなら大丈夫。アウトローにいつものストレートを決めておけば打たれんよ」と、投手の不安を払拭できるような言葉をかけてあげるようにしていた。

ピンチで相手の4番を打席に迎え、わざわざマウンドまで行って、「いいか、ここは一発だけは気をつけろよ」などと言うのは愚の骨頂である。そんな時も、「あの4

番は低めにしっかり投げておけば一発はないから。低めを丁寧に突いていこう」と助言してやれば、投手は「そうか、一発はないのか」と気が楽になり、「よし低めに丁寧に投げていこう」と前向きな気持ちになれるのだ。

投手という人種は、わがままで自分勝手な人間が多い。でも、そんなタイプの人間ほど、実は打たれ弱く、ちょっとしたことで気持ちがしょげてしまう。だから私は、いつも「グラウンドではお前が大将、お前が一番。打たれたら俺の責任だ」というスタンスで投手と接していた。そうすれば、彼らは上機嫌で気持ちよくピッチングができ、結果としてチームに勝利がもたらされるのだ。

そんなわけで、私が小言ばかり言っていたのではないことは理解していただけただろうか。会社で上の立場にある方々にも「8つほめて、ふたつ教える」というスタンスは有効である。ぜひお試しいただきたい。

Memo

部下には「8つほめて、ふたつ教える」くらいがいい

目に見えない貢献を評価する

集団をいい方向に導いていくために、トップである指揮官はそこに属する人たちの貢献度をしっかりと認め、適正な評価をしていく必要がある。さらに、個人の成績にはなかなか表れにくい「目には見えない貢献」を認めてやることが大切だと私は思っており、事実そのように行動してきたつもりだ。

私が南海ホークスでプレーイングマネージャーをしていた時代は、現代と違いリリーフ投手は先発投手ほど評価されない存在だった。

しかし、リリーフ投手はチームになくてはならない存在である。何とかして評価を上げたい。そして、リリーフ投手のやる気を引き出したい。そんな思いから、私はフロントに願い出て、リリーフ投手でも勝利に貢献すれば先発投手と同じようにプラス点を与えられるように評価システムを改めてもらった。

「成績に表れない貢献」「目には見えない貢献」。それは、例えばベンチ内やグラウンドでの声がけ、声出しによってチームの士気を高める、雰囲気を明るくさせることであるし、守備の際のカバーリングをどんな時も手を抜かずに行なうことである。私はこういった選手をしっかり評価してあげたいと思い、自分のメモに記してある「四軽、二重、一信」をその戒めとしていた。

「四軽、二重、一信」とは、中国の武将・呉起《ごき》が残した言葉で、選手たちを適正に評価する上で、とても大切な概念を私に植えつけてくれた。

「四軽」

・集団内のムードをよくすること。次の4つが大切とされる

① ひとりひとりの能力がフルに発揮できる環境作り

②立場や役職などにこだわらずに評価する
③しきたりや習慣にこだわらない
④変化を恐れず、臨機応変な対応を心がける

「二重」

・信賞必罰のこと。勇敢に戦ったものには褒美を与え、集団にマイナスとなる行為をしたものには重罰を与える

「一信」

・信頼関係のこと。指揮官は「二重」をしっかりと行なうことで部下との信頼関係を築くことができる

この中で私がもっとも重要視していたのが「二重」である。

主力選手だからといって評価に手心を加えていたら、その他の選手は「あいつばかり特別扱いしやがって」とやる気を失くしてしまうことになるし、逆に控えメンバー的な存在の選手でも「君はベンチのムードをいつもよくしてくれる」と適正な評価を

与えてあげれば、その他の選手も「ならば俺も」と奮起してくれるようになるのだ。

Memo

「目には見えない貢献」を認めてやることが何よりも大切

勝ちに不思議の勝ちあり
負けに不思議の負けなし

第3章

野村流
メモ術の極意

メモで高まる、人を見抜く技術

私のメモ書きには、気づいたこと、覚えたこと、学んだことなどをその都度記してきた。そしてそんな多くの気づき、学びの中から心に響く言葉を拾い出しては、それを自分自身への戒《いまし》め、教えとしてきた。

監督として、いつも念頭に置いていた戒めがある。

「先入観は罪、固定観念は悪」

人は長く生きていればいるほど先入観や決めつけといったものが増えてきて、それが見る目を曇らせる。監督としてチームを率いていく上で一番大切なのは、「適材適所に人材を配置する」ことだ。**その仕事にふさわしい適材を見出していくには、先入観や固定観念のない、まっさらな状態で人を見抜いていかなければならない。**

私がヤクルトスワローズで監督をしていた時、不動のレギュラーで、トップバッターとして活躍した飯田哲也（現福岡ソフトバンクホークス・三軍外野守備走塁コーチ）という選手がいた。

私が監督に就任したばかりの時、飯田は二軍の捕手だった。機動力を生かした野球がしたいと考えていた私は、一軍・二軍問わず、俊足の選手をピックアップしたのだが、その中に飯田がいた。私は、彼が捕手だとはまったく知らなかった。だから彼の走り、身のこなしなどを見て「これは野手として内外野、どちらでも使える」と判断した。ところが当の本人に聞いてみると、「捕手をしています」と言う。私は迷わず、「これからは外野手をやってみい」と話し、彼はそこから外野手としてトレーニングを積み、それほど時間はかからずセンターとしてレギュラーの座を獲得したのである。

幾人ものコーチが飯田を見ていたはずなのに、「この選手は外野として使える」と判断した指導者はいなかった。飯田は高校時代から捕手だったため、その先入観がコーチたちの目を曇らせたのだろう。

宮本武蔵の『五輪書』に「観見二眼」という言葉が記されている。この言葉は「勝負に勝つためには、相手の体の動きのみならず、心の動きも〝観る〟ことが重要である」ことを意味している。

先入観や固定観念に囚《とら》われず、柔軟な視点を持って相手の心身の両面を見ていく。人を見抜く技術を高めていくためには、そのような心構えが必要なのだ。

Memo

先入観や固定観念は人の可能性を狭めてしまう

聞いたことをメモするクセをつけよ
――聞く力を磨く

私が野球というスポーツの奥深さを知り、本気でその本質を考えるようになったのは、前にも触れたが、南海ホークスでドン・ブレイザーに出会ってからだ。

当時は、メジャーリーガーと接することなど夢のまた夢という時代だった。だから、私はアメリカからやってきたブレイザーとその通訳を毎試合後食事に誘っては、本場の野球に関する質問を投げかけまくった。

ブレイザーと交わした会話で鮮烈に記憶しているのは、彼が私に対して最初にしてきた質問である。

ブレイザーは私にこう聞いてきた。

「ムース（と私は呼ばれていた）、キミが打者でヒットエンドランのサインが出たらどうする？」

私は、「そりゃ、空振りや見逃しをしたら走者が刺されてしまうから、意地でもゴロを打つよ」と答えた。

するとブレイザーは「それだけか？」と言う。当時の日本の野球は、私が答えたような内容までしか考えが及んでいなかった。私が答えに窮していると、ブレイザーはこう続けた。

「一塁走者が走ればセカンド、ショートどちらかが二塁ベースに入る。私なら、その空いたほうを狙ってボールを打つ。つまり、セカンドがベースカバーに入れば一二塁間を狙い、ショートが入れば三塁間を狙うわけさ」

これは、現代野球では小学生でも知っているような当たり前の考え方である。しかし、当時は私たちプロ野球選手もそこまで考えが及んでいなかった。

その時、私は「メジャーリーグはやっぱりすごいな」と感心すると同時に、「でも、セカンドとショート、どっちがベースカバーに入るのかわからないな？」と疑問に感じたのでそれも聞いてみた。

するとブレイザーは「一塁走者が盗塁するかのようにフェイントをかける。そうするとセカンドかショート、どちらかが動くだろ。打者はそれを見て判断すればいいんだよ」と答えた。これが、私が野球の奥深さをブレイザーから学んだ最初の出来事である。

当時の私はメジャーリーガーを「パワーとスピードだけの大雑把な野球をする選手」くらいにしか考えていなかった。でも大雑把な、上辺だけの野球をしていたのは、日本の野球のほうだった。そのことに気づいて以来、私は毎日のようにブレイザーを質問攻めにしながらメモを取った。

打者の心構え、バッテリーの配球、守備のポジショニング、攻撃のセオリーとその応用など、ブレイザーから聞く話は思わず唸ってしまうような奥深い答えばかりだった。

「野球とは、ここまで考えなければいけないスポーツなのか」としみじみ感じた。

私の「考える野球」のベースにあるのは、あの頃ブレイザーと交わした会話から学んだものばかりだと言っても過言ではない。**私の場合、「聞く」という行為をすることと、「メモを取る」という行為はイコールで結ばれるものだった。**

聞くことで得た答えをメモし、それをノートにまとめて読み返す。すると、その時は何気なく聞き流していたために感じなかった矛盾や新たな疑問が、次々と湧き上がってくる。**私は「聞く」「メモする」「（ノートにまとめて）読み返す」を繰り返すことで自分の「聞く力」を養い、野球の奥深さを学んでいった。**

「何でもかんでも質問するとバカだと思われる」。そんなことを気にして、なかなか自分の疑問に思っていることを周囲に聞けない人が結構いる。しかし「聞くは一時の恥、聞かぬは一生の恥」という言葉にもあるように、答えを得ればそれが今日を生き抜く知恵となり、明日を明るく照らす光となる。人はその積み重ねによって成長していくのである。

だから、みなさんも疑問に感じたことは恥ずかしがらずに積極的に聞くようにしてほしい。それをメモし、読み返すことを繰り返していけば、あなたの「人間性の幅」はどんどんと広がっていくはずだ。

Memo

わからなかったら「迷わず聞く」を繰り返す

メモ上手は聞き上手

前項で触れた「聞く」ことについて、もう少し考えてみたい。

世の中には「あの人には何でも話せる」という「聞き上手」な人もいれば、一方的に自分の言いたいことだけを話して相手の話にはまったく聞く耳を持たない「聞き下手」な人もいる。

私の周囲を見わたして、この人は「聞き上手だな」と思うのは、新聞や雑誌の記者のみなさんである。記者の人たちは「聞き上手だから記者になった」のか、あるいは「記者という仕事に就いて聞き上手になった」のかは定かではないが、総じてみな「聞き上手」だ。

相手から真相を聞き出し、それを記事にしなければ食っていけないのだから、記者が「聞き上手」であるのは、まあ、ある意味当然と言えば当然である。しかし、彼らがすごいのは、相手の話を聞きながら、同時に「メモ」も取っていることである。最近はICレコーダーなる便利な小型録音機器があるため、メモを取りながら取材している人の数も大分減ったが、私が現役の頃の記者と言えば、みなノートとペンを手にしていたものだ。

「人の話を聞きながらよくメモが取れるな」と感心したので、ある日、仲のよかった記者にその「コツ」を聞いてみたことがあった。

その記者は「人の話を聞きながらメモするコツは大きく3つのポイントがあります」と私に教えてくれた。

① 聞きたいこと（質問）をあらかじめ準備しておく

自分の考えをまとめ、相手に何を聞きたいのか、どんな話を聞き出したいのか、そのポイントとなる事柄（質問）を事前にいくつか準備しておく。あまりたくさん質問を用意すると、相手の話も散漫になってしまうので要点を絞ることが大切。

② メモを書くことばかりに気を取られない

相手の真意を汲み取るには、話す内容だけでなく、その時の「表情」や「間」といったものにも注意を払う必要がある。メモ書きばかりに集中せず、「相手を見る」「メモを取る」のバランスを半々くらいにするのが理想。相手が「○○なんですよ」と言ったら、「なるほど、○○なわけですね」と同じことを復唱すると、メモを取る間ができる。

③ 相手の話をすべてメモする必要はない

自分の本当に聞きたいことだけをメモしていくことが重要。すべてをメモしようとすると無駄が増える。必要な答えを瞬間的に取捨選択し、メモしていく。これは訓練を重ねることで、誰でもできるようになる。

3つのポイントを聞くと「何だ、そんなことか」と思う人もいるかもしれないが、授業中に先生が黒板に書いたことをメモするのと異なり、実際に相手の話を聞きながらメモを取るのはとても難しいものだ。

私が記者から聞いたことを参考に、あなたもぜひ「メモ上手は聞き上手」な人になってほしい。

Memo

相手の話を聞きながら、ポイントをメモする

メモやデータを本気で活用する気はあるか

プロ野球選手として「弱者」だった私は、日々の気づきをメモすることで自分の中に情報を蓄積し、それを武器にして強者たちと対等にわたり合ってきた。要は「情報の蓄積」という無形の力を「シンキング・ベースボール」という有形の力に変え、自分より強い相手に戦いを挑み、時に勝利していたわけだ。

私の現役時代はそうやって毎日コツコツと気づいたことをメモ書きし、それをノートにまとめて情報を蓄積していく以外に方法はなかった。

しかし、デジタル隆盛の現代では、インターネットを通じて瞬時に自分の知りたい情報が入手できるという。いやはや、何ともすごい時代になったものである。

瞬時に、いともたやすく情報やデータが手に入る。これを私なりに解釈すれば、「アナログ時代より、弱者が強者に勝つ可能性は確実に上がっている」と言える。

「いやぁ、でもそんな簡単にネット上の情報を利用して強者に勝つなんてことはできませんよ」と言う人もいるかもしれない。

でもそういった人は、そもそも本気で「強者に勝とう」と思っているのだろうか？どんな仕事であれ、それなりの成功を収めようと思ったら人の2倍、いや3倍以上は努力しなければならない。

情報という無形の力を自分の血とし、肉とするには、あふれる情報の中から自分にとって有益なものだけを選出する。その地道な作業を毎日コツコツと、それこそ寝る間も惜しんで続けていく必要がある。ネットには情報が無尽蔵にあるのかもしれない。しかし、その膨大な情報をどう生かすか、それは結局アナログなままである「人間」の手に委ねられている。その覚悟がある人にだけ、「強者に勝つ」チャンスは与えられるのだと思う。

私の現役時代にデータを活用したプレーの最たるものと言えば、「〇〇シフト」と呼ばれる守備形態であろう。

「〇〇シフト」と聞くと、多くの人は「王シフト」を思い浮かべるだろうが、あのシフトは王貞治の打撃を少しでも封じ込めようと、広島のスコアラーがデータを洗い出して用いた対策である。

実はこの頃、私も南海ホークスで「〇〇シフト」を多用していた。中でも一番思い出に残っているのは、阪急ブレーブスの強打者・長池徳士《あつし》に対して行なったシフトである。

「王シフト」は王の「引っ張る打撃」に対応して野手をすべて右寄りに守らせるものだったが、私の行なった「長池シフト」はちょっと違う。

私が取り続けたメモと、チームのスコアラーの情報とを照らし合わせた結果、長池（右打ち）の当たりは、一二塁間をゴロで抜けるようなもの（流し打ち）が極端に少なく、多いのは「左中間からレフトにかけて外野手の間を抜けていく長打」だった。そこで私は、長池がバッターの時だけ二塁手を左中間の外野に配し、「外野４人」の守備陣形を敷いたのである。

「がら空きの一二塁間を抜かれたらどうするのか？」

そんな質問を当時も選手から受けたが、私は「それならこっちの勝ちだ。うちは長池に長打を打たれたくない。それを単打で済ませることができたなら御の字だ」と答えた。

我々が「長池シフト」を用いた結果、長池はホークス戦では長打が減り、調子を崩すことが多くなった。これこそ、まさにデータという「無形の力」を「有形の力」に変えて勝利した典型的なパターンと言えよう。

Memo

情報に囲まれている時代こそ、それを生かす方法を必死に考える

データは重要だが、それだけに囚われてはいけない

社会のデジタル化によって、ほしい情報が簡単に入手できるようになり、その情報を有効活用すれば「弱者が強者に勝つ機会も増える」ことは前項で述べた通りである。

だが、「すべてを情報に委ねろ」と言っているわけではないし、私自身も情報やデータだけを頼りに戦ってきたわけでは決してない。身のまわりに情報があふれてくると、どうしてもその情報に振りまわされがちになってしまうが、そのような状態にある人が瞬時に的確かつ柔軟な判断が下せるかと言えば、答えは推《お》して知るべしである。

かつて、「ＩＤ野球」を実践していた私も、蓄積したデータを無視した采配や選手起用をたびたび行なった。長いシーズンを戦っていると、「この試合は絶対に負けら

れない」という、キーポイントとなる大一番が必ず巡ってくる。そんな肝心要の試合を落とすことなく、白星を手にするには、データと同じくらい、いや場合によってはそれ以上に大切な要素となるものが存在する。それは、人間の「闘争心」である。

燃え上がるような「闘争心」は、時に重要なデータを凌駕する。その象徴とも言えるような試合が、ヤクルトスワローズの監督時代となる1992年10月にあった。

今も忘れない1992年のシーズン終盤。我がスワローズは阪神タイガースとリーグ優勝をかけて、一歩も譲らぬ一進一退の激戦を繰り広げていた。その天王山とも言える、雌雄を決する直接対決が9月下旬にあり、私はその大一番の先発投手に、直前まで二軍に籍を置いていた荒木大輔を指名した。当時の荒木は肘や腰の手術を受け、4年間、一軍での登板のない状態だった。データをもとにすれば、彼に大事な試合の先発を任せるなどあり得ない選択である。でも、私は荒木にすべてを賭けた。なぜか？

二軍のスタッフから、「荒木はある程度復調しています」という報告を私は受けていた。そこで私は荒木を球場に呼び、直接話をしたのだが、彼の顔を見て「こいつに任せよう」と即決した。彼の目には、他の選手以上の「闘争心」がみなぎっていた。野球エリートの道を歩んできた彼は、ケガによって4年もの間、二軍でリハビリ生活を続けていた。かつてエースと呼ばれた男の「一軍のマウンドに上がりたい」という飢えと渇望が、彼の中にあった野性を呼び覚ましたのだろうか。それまでになかった鋭い眼光を放つ彼を見て、私は「こいつだ」と直感したのだ。

このような「直感」は、コンピュータでは決して弾き出せない人間特有の感覚であり、私のID野球においては「根拠」にはなり得ないものだ。しかし、**時としてこの「直感」が「データ」を上まわる結果を生み出すことがある。**ここで紹介した荒木の登板指名は、まさにその好例と言えよう。

荒木は見事に私の期待に応え、阪神戦に勝利。この試合が契機となり、我がスワローズは14年ぶりのリーグ優勝を果たすことができたのである。

たとえ自分にとって有益な情報であっても、それだけに囚われてしまうと的確な判断が下せなくなってしまう。刻一刻と変化する〝今〟という一瞬に対応するには、私たち人間が持つ「直感」もとても大切なのだ。

Memo

データの蓄積により、直感力も磨かれる

男は30代、40代で大いに学べ

孔子が残した言葉として、「子《し》曰《いわ》く、吾《われ》十《じゅう》有《ゆう》五《ご》にして学に志す、三十にして立つ、四十にして惑わず」というものがあるが、私も30代でプレーイングマネージャーとなり、40代中盤で野球界の引退を決意し、評論家の道へと進んだ。

今思えば、非常にハードな30代、40代だったが、その道を究めるために常に広い視野を持ち、いろいろなことを学び、メモばかり取っていた。

私は35歳で南海ホークスのプレーイングマネージャーとなり、「監督と選手」という〝二刀流〟の生活を8シーズンにわたって続けた。

その間、4年目にリーグ優勝を果たすことができたが、優勝はその1回だけだった。

8年間、プレーイングマネージャーをやった私の結論は、「プレーイングマネージャーは無理」ということだ。

個人の成績を伸ばそうと一所懸命練習してしまえば、他の選手に目が行き届かず、チーム力を伸ばせなくなる。

逆に、監督業に集中してしまうと、今度は自分の実力を伸ばすことができない。当時の私は4番を打つことが多かったため、これでは個人の成績が伸びないばかりか、チームの得点力も落ち、結果としてチームは弱くなっていく。

さらに、**私はプレーイングマネージャーの最大の欠点に気づいた。それは「叱ってくれる人がいなくなる」ということである。**

人はなかなか自分のことは客観視できないものだ。人は他人から弱点を指摘されたり、あるいは欠点やよくない振る舞いを諌《いさ》められたりして、弱点や間違いを修正、改善していく。

しかし、プレーイングマネージャーは自分で自分を叱るしかないわけで、これがなかなか難しい。結局私は、プレーイングマネージャーとしては満足のいく結果を残すことはできなかった。

ただし、このプレーイングマネージャー時代に学んだことは、評論家となってから大いに生きた。もちろん、評論家となってからも多くのことを学んだが（とくに野球以外のことを）、やはり私のベースとなっているのは、プレーイングマネージャー時代に学んだことである。

「勉強するのは学生時代だけ」などと思っている人がいたとしたら、それは大きな間違いだ。**人間は何歳になっても学ぶことができる。**そのもっとも重要な時期が30代、40代なわけで、その時に学んだことが後の人生に大いに役立つのである。

Memo

30代、40代の苦労が今の自分を作っている

自分の恥ずかしいところをメモすれば成長できる

人は誰でも、他人には言えない弱点や恥ずかしいところがひとつやふたつはあるものだと思う。だが、そういった自分の欠点にしっかりと向き合っている人は稀で、ほとんどの人は見て見ぬふり、気づかぬふりをしてやり過ごしている。

私はプロ野球選手として、また監督として、さらにはこの社会を生きるひとりの男として、「失敗と書いて〝せいちょう〟と読む」と自分に言い聞かせ、果敢にいろいろなことに挑戦しては失敗し、それを自分自身の成長の糧としてきた。

失敗を成長の糧とするには、何よりも自分の「欠点」としっかりと向き合わなければならない。私だってみなさんと同じように、自分の恥ずかしいところに目をやるのは気が進まない。しかし、人として少しでも成長したいなら、「自分の欠点と向き合う」

という作業は避けては通れない道なのだ。

2018年のメジャーリーグでは、ロサンゼルス・エンゼルスの大谷翔平が日本と同じ〝二刀流〟で勝負をし、素晴らしい成績を収めた。彼は肘を痛めており、トミー・ジョン手術を受けたようだが、しっかりと直して再びメジャーに「二刀流・大谷翔平ここにあり」というところを見せてほしいと願っている。

なぜ、今ここで大谷の話を出したのかというと、彼が日本でプレーしていた頃、投手・大谷に抑えられた打者、あるいは打者・大谷に打たれた投手、それぞれに対して「キミたちは二刀流の大谷に抑えられて（打たれて）、恥ずかしくないのか？」と常に感じていたからである。「キミたちに恥の意識はないのか？」と。**私にとって、「恥を感じる意識」と「プロ意識」は同義だ。**プロ野球選手とは、素人では決してできないような難しいことを、さも簡単なこととしてできる人のことである。私が見る限り、大谷との勝負に負けて本気で悔しい、恥ずかしいと感じているプロ野球選手はほとんどいなかった。「大谷に負けたのならしょうがない」。そんなふうに感じている選手がとても多いように見えた。大谷がずば抜けた体力とセンス、さらに卓越した技術を持ち合わせているのは百も承知の上で、それでも「プロに入って間もない大谷に負けて、キミたちは悔しくないのか、恥ずかしくないのか」と大勢のプロ野球選手に問いたかったのだ。

私は現役時代、監督時代問わず、負けると悔しかったし、何よりも恥ずかしかった。「こんな恥ずかしいことは二度と経験したくない」。そんな思いが私を選手として、監督として成長させてくれたのだと実感しているし、その「恥を感じる」感覚を持てることが、プロの大切な条件のひとつなのだと確信している。

試合でミスをして心底恥ずかしいと感じれば、「何であんな配球をしてしまったんだろう？」「何であの球を空振りしたのか」と考え、「では、今度対戦した時にはどうすればいいか？」と次の策を練る。この繰り返しこそ人の成長につながるものなのだ。

だから私は現役時代、**その日にあった悔しいこと、恥ずかしいことを、「忘れてはならないこと」としてしっかりとメモし、「失敗を成長に変えるための糧」とした。**

これは職業が異なっても同じことが言える。「ミスを恥と感じられるか」。その世界で成功を収めたいのなら、誰よりも「恥」を感じ、それをしっかりと心に焼きつけることだ。

Memo

「恥を感じる」感覚を持てることがプロの大切な条件のひとつ

すべてをうまくやろうとする必要はない
——成功するための〝あきらめ力〟

2007年のシーズンから始まったプレーオフ制度「クライマックスシリーズ」によって、セ・パ両リーグはシーズン終盤にさらなる盛り上がりを見せるようになった。これはプロ野球のみならず、日本の野球界を発展させていく上で、とてもいいことだと思う。

「クライマックスシリーズ」が盛り上がるのは、「短期決戦」であるからだ。シーズン終盤になると、「監督、短期決戦を勝つにはどうしたらいいんですか？」というような質問をマスコミからよく受けるが、私はいつも、「あきらめることだよ」と答えている。

私がここで「あきらめる」という言葉を使ったのは、何も目の前の相手に対して「勝てません」「無理です」と白旗を上げろという意味ではない。私の言う「あきらめ」とは、**自分のできること、できないことをしっかりと自覚し、目の前の相手に向かっていくこと**である。

あれは1973年、私が南海ホークスでプレーイングマネージャーとなって4年目のことだ。パ・リーグは前期、後期の2シーズン制を初めて導入し、私たちホークスは前期優勝を果たしたものの、後期は気の緩みから3位に転落。しかも、後期1位の阪急ブレーブスには0勝12敗1分けという大惨敗で、そんな一番戦いたくない相手と日本シリーズの出場権を争い、プレーオフを戦うことになってしまった。

プレーオフは全5戦。先に3勝したほうが日本シリーズに進むことができる。しかし、シーズン後期の戦いぶりから、各種メディアはこぞって「阪急有利」と報じた。たしかに、13回戦って一度も勝てないというのは、私から見ても絶望的な数値である。実際、前期はホークスがうまく戦って何とか優勝を収めたが、戦力差は明らかに阪急のほうが上だった。だから私は「無理だ……」と「あきらめた」のか？　いや、違う。私は「2回は負けていいことにしよう」と「あきらめた」のである。

弱者が強者に短期決戦で勝つために、もっとも重要となるのは「第1戦」だ。初戦で負けると「やっぱり俺たちは駄目なんだ」と敗戦ムードが色濃くなってしまう。しかし、初戦に勝つと「何だ、俺たち結構やれるじゃないか」「プレーオフ、勝てるんじゃないか」と上昇ムードが生まれ、選手たちがいつも以上の力を発揮したりするようになる。だから私は「第1戦」を基準とし、そこに投手陣など全精力を注ぎ込んでもいいようにプランを練った。

第1戦にすべてを注ぎ込めば、どうしたって第2戦は出がらし状態となる。ならば、第2戦は最初から「捨て試合」として主力投手は温存し、第3戦に全力投球。そして再び第4戦は「捨て試合」として最終決戦の第5戦に臨む。

一か八かのプランだったが、この「あきらめ戦法」が功を奏し、なんとホークスは私の目論見通り、3勝2敗で日本シリーズに駒を進めたのである。「ホークス絶対不利」の下馬評を覆し、マスコミや評論家たちの鼻を明かしてやった爽快感もあって、この時の勝利の美酒の味わいはまた格別だった。

このプレーオフでホークスが「何が何でも勝つ!」という気持ちで戦っていたら、私たちは間違いなく負けていただろう。ただでさえ戦力不足なのに、1戦、2戦と全力でぶつかっていたらそこで息切れしてしまい、とてもではないが3戦目に戦う余力など残っていなかったろう。

仕事も人生も、この世のあらゆることに通じる話だが、「すべてに勝つ」必要はないし、そんなことのできる人はひとりもいない。

「がんばってきたけど、ここは捨てよう」という「あきらめ」＝「取捨選択」が、「勝ち」や「成功」といったものにつながっていく。それだけはみなさんにも覚えておいていただきたい。

Memo

すべてに勝たなくていいと考えると、違う方法が見えてくる

プレッシャーに強くなるための特効薬

「プレッシャーに負けないようにするにはどうしたらいいんですか？」

そんな質問をたまに受けることがある。

今でこそ私は「何事にも動じない」タイプに見えるかもしれないが、若い頃は緊張もしたし、プレッシャーに負けてしまうこともしばしばあった。忘れもしない19歳で一軍デビューした初打席、人生であれほどプレッシャーを感じ、緊張したことはない。バッターボックスに立ったものの膝がガクガクと震え、頭の中は真っ白。結果3球三振だったが、どんなボールを投げられ、自分がどう振ったのか、まったく覚えていない。

結局のところ、**プレッシャーに負けないようにするには、「経験を積む」しかないと思う**。プレッシャーのかかる場面を何度も体験し、緊張感というものに慣れ、プレッシャーに対する耐性をつけていくわけだ。つまり、**「緊張する場面が苦手だから」とそういった状況を避けてばかりいる人は、いつまで経っても「プレッシャーに弱い」ままなのだ。**

プレッシャーのかかる場面を何度も体験していると、「思い切りやるしかない」という開き直りのような気持ちが生まれてくる。もちろん、その開き直りの精神を持つには、それ相応の努力から得られた「自信」が必要で、私の場合は毎日のトレーニングの積み重ねと、メモを取り、次の対策を練ることを繰り返すことによって、その「自信」を獲得していった。

投手でとてもいい才能を持っているのに、気が弱いためその才能を開花させられない選手もたくさん見てきた。

ヤクルト監督時代、山本樹《たつき》という左腕がいた。山本は150キロを超える速球を持ち、ブルペンでも惚れ惚れするような伸びのあるストレートを投じるのだが、実際にマウンドに上がると、「打たれたら二軍落ちになる」「チームに迷惑をかけられない」とマイナス思考になってしまい、自滅することを繰り返していた。

私は彼の才能を何とか開花させてやりたいと考え、「バッターはいないと思って捕手のミット目がけてボールを投げ込め」とか、「打たれてもお前の責任じゃない。使った俺の責任だから気にせず投げろ」など、彼がプレッシャーをできるだけ感じないような声がけを心がけた。

しかし、どんな言葉をかけても彼は成績も今ひとつパッとしない状態が長く続いた。そして迎えた3年目。子どもが生まれたばかりの彼に、私は「今日、駄目だったらお前は多分クビだ。最後になるかもしれないんだから、子どものために死に物狂いでやってみろ」と、逆にプレッシャーを感じるような声がけをあえてしてみた。

するとどうだろう。その日の山本はそれまでとはまるで別人だった。巨人を相手に6回無失点。「もう開き直ってやるしかない」と腹をくくったようだった。

4年目以降、彼はヤクルトにとってなくてはならないセットアッパーに成長し、巨人戦では「松井キラー」として大いに活躍してくれた。

プレッシャーに強くなるには、自ら進んでプレッシャーのかかる場面に飛び込み、多くの失敗を経験することだ。人は失敗を重ねることで精神的な強さを獲得し、成長していくのである。

Memo

プレッシャーのかかる場面から逃げていたら、
いつまで経っても成長できない

「失敗」と書いて「成長」と読む

第4章
弱者が強者に勝つためのメモ

目標を達成するには
メモは欠かせない

南海ホークスでレギュラーに定着した頃、私は打者としての目標を「打率3割、本塁打40本」と定めた。

まだレギュラーに定着したばかりのひよっこにしては、かなり高い設定と言えよう。だが、私はあえて高い目標を掲げることで、自分の力をもっともっと伸ばしたいと考えた。

上杉鷹山《ようざん》の残した言葉「為せば成る為さねば成らぬ何事も　成らぬは人の為さぬなりけり」をご存知の方も多いと思うが、「もう駄目だ」と限界を設定してしまうのは他でもない「自分自身」だ。私はそうなりたくなかったので、他の選手が聞いたら「それは無茶だろ」と言われそうな高いハードルを、あえて自分で設定したのである。

目標を設定したら、今度はそこから「自分の現在いる位置」へと線を引く。そうすると、自分の進むべき道が自ずと見えてくる。後は目標から逆算し、「今、やるべきこと」「次にやるべきこと」を決めていけばいい。自分が目標へと向かう「航路図」ができあがったら、後はその航路図に従って大海原を進んでいくだけだ。

私は不器用な打者だったので、正しいスイングを身に着けるためには他の選手の2倍、3倍は努力をする必要があった。そしてそんな肉体的な努力と並行して、私は相手チームの投手の情報をまとめた「データ作り」も行なった。

些細なことでも気づいた点はメモを取り、各球団の投手ごとにノートにまとめて、対戦するたびに球種を細かくチェックして、それをデータ化した。

投手はそれぞれ打者を攻める「配球」が異なるが、**データにしていくとある一定の「傾向」というものが露になってくる。**投手によっては1球目に投げた球種がその打席の勝負球になったり、あるいは前の打席で打ち取った球種が次の打席の1球目になったり。そうやってデータを蓄積していく中で、その投手のカウントを稼ぐ球は何か、誘い球は何か、勝負球は何かを知り、私は「狙い球」を絞っていったのである。

あらゆるデータを駆使し、さらに「投手のクセ」といったものも読みつつ、次の1球に備える。

目標を設定し、メモし、そのデータを分析し、準備する。私の打者としての27年間のプロ野球生活はその繰り返しだった。振り返れば、気の遠くなるほど長い道のりのようにも見えるが、現役時代はそんなことを感じもせず、ただがむしゃらに1日、1日を過ごしていた。でも、そんな日々の積み重ねがあったからこそ、今の自分があるのは間違いない。

Memo

目標を設定し、メモし、そのデータを分析し、準備する

「4か月」という時間が大きな目安になる

前項で述べたが、大きな目標を立て、それを実現するためには、その目標から逆算し「今、やるべきこと」「次にやるべきこと」を決めていけばいいと思う。

具体的には、4か月ごとに「小さな目標」を立て、それをひとつずつクリアしていくようにしていくといいだろう。

私が現役時代に経験してきたことを踏まえると、何か努力を続けたとしてひとつの効果が表れるには「4か月」は必要である。

人は3か月間やってみて結果が出ないと、「駄目だな」「飽きてきたな」と感じてしまいがちである。でも、本当の効果が表れるのは「4か月目」であることが多いのだ。

私の現役時代は、今のように筋力トレーニングの機器が充実してはいなかった。だから、私は腕力をつけるために一升瓶に砂を詰めて振り、握力をつけるためにソフトテニスボールを暇さえあれば握り続けた、という話は先述した。

ところが、1か月経っても、2か月経っても芳しい結果が得られない。それどころか、握力計の数値はトレーニングを始める前より悪くなる始末。これは激しいトレーニングを始めた初期に起こりやすい傾向で、筋肉に疲労がたまり、筋力が一時期落ちるために数値も悪くなる。しかし、当時の私はそんなことを知る由もなく「何だ、こんなことをしていても筋力はつかないのか……」と半ば投げやり気味にトレーニングを続けていた。

3か月目が終わる頃、テニスボールを握るトレーニングはやめてしまおうかとも思ったが、「3か月も続けてきたんだ。もう1か月がんばってみよう」と思い直した。私自身、3か月間続けてきた努力を簡単に投げ出すことができなかったわけだが、これが功を奏した。

4か月目に入ると、握力の数値がじりじりと、ゆっくりではあるが上がり始めた。その数値に比例するように、打球の飛距離も徐々に伸び、当然のことながら本塁打数も増えていった。あの時、3か月で努力を断ってしまっていたら、私はその後「3

割40本塁打」の目標を達成することはできなかっただろう。

結果が出なければ「この努力を続ける意味があるのだろうか」と思うのは当然である。しかし、そこで一歩踏みとどまって「もうちょっと続けてみよう」と思うようになれるかどうかが重要だ。

別に2年も3年も無駄な努力を続けろなどと無茶なことは言わない。せめて4か月、その努力を続けてみてはどうだろう。ひとつの目標を達成すれば新たな目標が見えてくる。人生とは、そもそもその繰り返しなのではないだろうか。

Memo

本当の効果が表れるのは「4か月目」から

分類することで分析もしやすくなる

捕手として投手をリードしていく上で、対戦する打者の特徴と傾向を知っておくことは何よりも重要なことである。

しかし、一口に「打者」と言っても、それぞれが別の人間であり、考え方も異なれば身体的な特徴もまったく違う。プロ野球のリーグにはそれぞれ6球団が存在するわけだから、単純に考えても対戦する打者は8人（投手は除く）×5チーム＝40人となる。その40人に対し、毎日、日記のように「○○選手との対戦は第1打席〜、第2打席〜。だから次の対戦では〜して対応しよう」などと記しても、そんなやり方ではとても40人分のデータを頭に入れることはできないし、きちんとした打者分析も不可能である。

だから私は**分析しやすいよう、打者をカテゴリー分けして考えることにした**。ただ、そのカテゴリーも10も20もあったら、40人の打者との対戦結果をメモに記すのと一緒になってしまう。そこで私は、打者のタイプを次の4つに分けて考えることにした。

A型　直球に重点を置きながら、変化球にも対応しようとする
B型　インコース、アウトコース、打つコースを事前に決める
C型　右方向か、左方向か、打つ方向を事前に決める
D型　球種にヤマを張る

日本でもっともスタンダードなのはA型である（巧打者に多い）。基本形がD型の打者でも、追い込まれるとA型に変わる打者もいる。しかし、追い込まれてからA型となるタイプで結果を残せるのは、イチローや松井秀喜のようなごく一部の「超一流選手」だけだ。

普段はA型で、追い込まれてからD型となるタイプは外国人選手に多い。追い込まれてから球種にヤマを張れば、当然のことながら読みが外れた場合は三振する確率が

高くなる。しかし、外国人選手は日本人選手ほど三振を恐れないタイプが多い。これは幼少期から接してきた野球指導が日本と外国では大きく異なるからだと思う。日本は三振したら指導者からこっぴどく怒られて育った選手が多いが、外国では三振してもそれが思い切ったスイングであれば「ナイススイング」とほめられる。この差が考え方にも表れるのだろう。

B型の「打つコースを事前に決める」は、いわゆる「強打者」と呼ばれるタイプが一時的に取ることが多い考え方である。また、ランナーがいる場合は「巧打者」タイプがランナーを進塁させようとB型に変わることもある。

C型の「打つ方向を事前に決める」打者は、相手のバッテリーを騙すために引っ張ると見せかけて流し打ちをしてきたりする。野球をよく知っている選手で、ずる賢いタイプ（元読売巨人軍の元木大介が代表的）は、C型の打者が多い。

ここに分類した4つのタイプはあくまでも「基本形」であって、各打者はそれぞれAからDになったり、あるいはBからCになったりする。

私は日頃のメモを参考に、その打者がどのように変化するのか、どういう傾向があるのかを探っていた。そういった事前の準備とともに、その日実際に対戦してみて直感した推察を交えて、打者と戦っていくのである。

私が常日頃から「捕手には観察力と洞察力が求められる」というのは、先述した分析力だけでなく、**捕手には現場で打者の考え方を肌で感じ取る力が求められるからだ。**

事前の分析もせず、その場で打者を観察することもせず、ただ漠然と「とりあえずはこの球種で入って」「次はこっちのコースでいくか」と打者の狙いを外すために、その場の思いつきで投手をリードしているような捕手は、プロの世界で生きていくことは決してできないのである。

Memo

事前準備とともに、実際に対戦してみて直感した推察を交えて戦っていく

自分の力を伸ばすための「3つの禁句」

「私はもう駄目だ」
「私の実力なんてこんなもんだ」
「(目標には達していないものの)これくらいでいいかな」

人は、自分自身に厳しく接するには苦手な生き物である。どうしても自分には甘くなってしまうし、疲れたら手を抜きたくもなる。しかし、その世界でメシを食べていこうと思ったら、そういった甘い考えは捨てなければならない。だから私は、次の3つの言葉を自分への戒めとしてメモしていた。

「妥協」「限定」「満足」

「妥協」は、「まあ、このくらいでいいか」という自分自身への甘えである。「限定」は、「自分の力なんてこんなもんだ」と自分の力を勝手に低く判断してしまうことである。「満足」は、「もうこれくらいでいいだろう」と現状に満足してしまうことである。

自分の実力を今以上に伸ばそうと思ったら、そこには「妥協」も「限定」も「満足」もあってはならない。だから私はこの3つの言葉を「自分自身への禁句」として言い続けてきた。

本書で繰り返し述べているが、捕手には打者の考えていることを見抜く観察眼が必要である。私は監督時代、捕手である選手たちに「片方の目でボールを見て、もう片方の目でバッターの反応を見ろ」と言い続けてきた。

ほとんどの選手は、野球をやってきて初めてそんなことを言われたものだから、「そんなことできるわけない」と驚いた顔をする。たしかに、最初はこのふたつのことを同時に行なうのは困難を伴う。しかし、何事も「慣れ」が肝心であるように、経験を積んでいけば、大抵の捕手は「ボール」と「打者」を同時に感じることができるようになる。

慣れれば誰でもできることなのに、「難しい」「自分の力ではできない」とあきらめてしまったら成長などできっこない。しかし、そうやって自分自身に対して高をくくり、自分の成長を制限してしまっている人がとても多いような気がする。

プロ野球の打者たちは、最初から150キロの球を打てたわけでは決してない。練習で、あるいは試合で、150キロの球を見続け、打ち続けてきたからこそ、150キロの球を恐れることなく、対応できるようになったのだ。

だからみなさんにも、自分の力を勝手に低く見積もるようなことだけはしてほしくない。そのためにも、みなさんのメモに先述した、「妥協」「限定」「満足」の3つを禁句として記しておいてほしい。

Memo

自分の力を勝手に低く見積もらない

弱者の戦い方　その1

——弱者には弱者にしか使えない戦術がある

私は、日本シリーズのような「短期決戦」を戦うことを割と好んでいた。シーズンを戦うより、短期決戦のほうが奇襲戦法なども用いやすく、弱者として戦いやすかった。だから、私は短期決戦を得意としていた。

短期決戦で弱者が強者に勝つための鉄則、それは「先手必勝」である。

私は南海ホークスでプレーイングマネージャーをしていた時代を含め5度、監督として日本シリーズを戦っており、一度も第1戦に負けたことがない。5度の挑戦で3度の日本一に輝いているわけだから、「先手必勝」がいかに弱者に必要な戦術なのか、よくおわかりいただけるだろう。

ちなみに、ヤクルト時代に日本シリーズで顔を合わせた西武ライオンズの監督は森祇晶《まさあき》だった。当時の森監督は「第2戦からが本当の日本シリーズ」とマスコミに語っていたが、いったん相手の動きを見てから動く「後手必勝」は大相撲で言えば横綱の戦い方であり、当時黄金時代を築いていた西武ライオンズならではの「強者の戦術」である。

1993年、そんな西武ライオンズとの日本シリーズで、私がそれまでシーズン8勝しかしていなかった荒木大輔を第1戦の先発に起用したのも、先述した「先手必勝」の弱者の戦術である。私はこの第1戦で西武の各打者の体を開かせたかった。そのためにはインコースを突く必要があり、切れ味鋭いシュートを得意としていた荒木が適任と私は考えた。

結果、荒木は初回に2死球を与えるなど西武打線のインコースを徹底して突き、6回を投げて4失点したものの勝利投手となった。

このインコース攻めが功を奏し、西武打線はどの打者もインコースを意識するあまり体が開きがちになり、本来の打撃ができなくなった。そして私たちヤクルトは先手必勝の戦術を生かし、4勝3敗で日本一の栄冠を手にしたのである。

弱者が強者に勝つための戦法は今ここでご紹介した「先手必勝」の他にも、いろいろと存在する。肝心なのは、「強者を倒すために自分は何をすべきか」「強者はやらず、自分たちにしかできないことは何か」を常に考え続けることだ。「自分は弱いから」とあきらめてはいけない。弱者には必ず弱者が有利になる戦い方があるのだから。

Memo

「強者を倒すために自分は何をすべきか」、常に考え続ける

弱者の戦い方　その2
――強者にも弱点はある

圧倒的に強い相手を目の前にすると、人は心が委縮し「自分なんか勝てっこない」と勝手に思い込んでしまう。

だが、強者にも「弱点」はある。例えば、私がヤクルトで監督を務めていた時代にパ・リーグでは西武ライオンズが黄金期を築いていたわけだが、そんな西武にしても「弱点」はあった。

チームを相手にした場合、その強い相手をひとつの「組織」として捉えてしまうから、その強さに圧倒されてしまう。だから私は、例えば西武を「チーム」としてではなく、1番打者から9番打者まで、それぞれ「個人」の集まりと捉えた。その上で、打者ひとりひとりに対する戦術を考えていった。要するに、**「強いチーム」に勝つた**

めに弱いチームは「個人戦」に持ち込めばいいのである。

私はヤクルトの監督時代、選手たちに「弱者の戦い方」として、ミーティングで次のことをメモさせた。

①全体VS全体として戦うのではなく、相手を個として捉え、その弱点を重点的に攻める
②そのためには相手の弱点をまず知る。強者にも必ず弱点はある
③相手の得意な形にしない
④戦力を集中させる
⑤パワー（力）以外に生かせるものを探す（機動力、奇襲、データ、ムード、勢いなど）
⑥「自分にできること」ではなく「チームに役立つこと」を優先して考える
⑦毎試合、「勝てる」という根拠を準備して臨む（こうすれば勝てるという具体的な戦術、相手よりも優位な材料を事前に用意して試合に挑む）
⑧毎試合後に取るメモはできるだけ細かく。その際の相手の心理的な動きもしっかりと記録しておく

これが私が選手たちに教えた「弱者の戦い方」である。言い換えれば「強者に勝つために、弱者は何を準備すべきか」を掘り下げた説明と言ってもいいかもしれない。
相手が強ければ強いほど、事前の準備がいろいろと必要となる。だが、どんな強者にも「弱点」は必ずある。まずは、その弱点を見つける作業から始めるといいだろう。

Memo

十分な準備をすることで、弱者は強者に勝つことができる

世代ごとに「その時代にしかできないこと」がある

10代、20代、30代と、人生を生きていく上で、「その〝世代〟にしかできないこと」というものがある。

肉体的にも精神的にも力がみなぎり、情熱にあふれる10～20代には、その時代にしかできないことがあるし、30代には30代の、40代には40代にしかできないこと、あるいは「その世代だからできること」というものが存在する。

これはプロ野球界に限ったことだが、私は若き選手たちに向け、各世代でできることとして、こんなことを伝え続けてきた。

18歳〜26歳	ガムシャラ時代
27歳〜30歳	知恵の年代
31歳以上	人間性を問われる年代

「ガムシャラ時代」とは、読んで字のごとくで「プロ野球選手として、ガムシャラに練習、勉強せよ」だ。この「ガムシャラ時代」に頭と体で覚えたことが生きてくるのが、次の「知恵の時代」となる。大成する選手はここで大きく飛躍するわけだが、フリーエージェントとなり他球団に高年俸で移籍していく選手などは、「ガムシャラ時代」と「知恵の時代」を一所懸命に過ごし、最高の成果を収めた選手ばかりである。

31歳以上は「人間性を問われる時代」としたが、ここからはグラウンド上でのプレーのみならず、普段の練習に対する姿勢や振る舞いなど、あらゆる面で若い選手の模範となるような生き方が求められる。

ただし、プロ野球選手は選手寿命が限られている。今は人生100年時代とも言われているため、私が今紹介したプロ野球選手の各世代の生き方を一般の方々に置き換えると、差し詰め次のような形になるだろうか。

20歳〜30代前半　ガムシャラ時代
40歳前後　知恵の年代
50歳以上　人間性を問われる時代

今、あなたがどの時代・年代に属しているのかはわからないが、私がプロ野球選手たちに言ってきたように、あなたは自分の年代の生き方をしているだろうか？　それを今一度確認し、もしできていないのであれば「今、すべきこと」をメモに記してみるのもいいかもしれない。

Memo

自分の年代の生き方ができているか？

無形の力は有形の力に勝る

第5章

思考力を磨くメモ

ひらめきは突然生まれるものではない

監督として指揮を執っていた頃、私は突拍子もない奇策を用いて相手チームを驚かせることがたびたびあった。でも、それは相手から見れば「奇策」だったかもしれないが、私にとっては用いて当然の、至極当たり前の作戦に過ぎなかった。

例えば、ヤクルト時代に行なっていた作戦に「ギャンブルスタート」というものがあった。盗塁する際、普通なら投手の足が上がった時（足を打者方向に踏み出した時）にスタートを切るのがセオリーだが、私たちはそれを無視し、投手が投球動作に入った瞬間にスタートを切った。いわば「見切り発車」のようなもので、傍から見れば一か八かのまさに「ギャンブルスタート」である。

しかし、この「ギャンブルスタート」がかなりの高確率で成功した。実は、私たちは事前に投手のクセを見抜き、「この投手は2回、ファーストに視線を送ったら牽制《けんせい》はしてこない」とか「この投手は2球続けて牽制はしてこない」といったデータを収集していた。つまり、**ヤクルトにとっての「ギャンブルスタート」はギャンブルでも何でもなく、データに基づいて成功するための方法を弾き出した「根拠のあるスタート」だったのだ。**

他から見れば奇策と思えるような策を多用していたからか、私は常に突拍子もない作戦を使ってくる「策士」と思われていたようだ。だが、私はその瞬間にひらめいた策を気ままに用いていたわけでは決してない。

みなさんは「ひらめき」といったものはある日突然、パッと思い浮かぶようなものだと思っているかもしれないが、先述した「ギャンブルスタート」にしてもその場で思いついた策ではなく、蓄積されたデータをもとに練られた策である。

ひらめきは、それまでに得た知恵や知識、情報といったものがベースになければ決して生まれてこない発想だ。

監督をしていた頃は、それこそ四六時中、車を運転している時も、風呂に入っている時も、野球のことばかり考えていた。新たに得た情報、ふと気づいた事柄があれば残さずメモし、ノートにまとめてデータとして蓄積した。

そんな毎日を続けていると、ある時ふと「あ、こんな作戦も使えるな」とか「あの投手はこうやれば攻略できる」といった新たなプランがひらめくのである。

「気分転換をしたら、パッとひらめいた」などということも確かにあるが、「ひらめき」を生む大切な要素は「気分転換」ではなく、「日々の気づきの積み重ね」である。

Memo

新たに得た情報、ふと気づいた事柄も残さずメモし、データとして蓄積する

三冠王になるために必要なこと

2015年シーズンに、福岡ソフトバンクホークスの柳田悠岐《ゆうき》と東京ヤクルトスワローズの山田哲人《てつと》のふたりが達成したことで流行語にもなった「トリプルスリー」。1シーズンの成績が「打率3割、本塁打30本、盗塁30個」を達成した選手にのみ与えられる称号で、山田は2015年、2016年に2年連続のトリプルスリー、さらに2018年に前人未到の3度目のトリプルスリーを達成した。

近年、このトリプルスリーが取り沙汰されるようになったのとは逆に、すっかり聞かなくなってしまったのが「三冠王」である。

手前味噌な話で恐縮だが、実は私は戦後初の三冠王を1965年に獲得した（打率

320、本塁打42本、打点110)。その他には王貞治が2度(1973年、1974年)、落合博満が3度(1982年、1985年、1986年)記録しており、その後、2004年の松中信彦(福岡ダイエーホークス)以来、三冠王は日本プロ野球界に誕生していない。

ホームランを打つような打者は足はそれほど速くない。そうなると出塁率は下がるから、本塁打と打点は稼げても、打率で首位打者を獲得するのは難しくなる。近年、足の速い巧打者が多くなっているだけに、三冠王を取ることがより一層難しくなっているのだ。

両リーグの歴代の首位打者を見ても、左打者が圧倒的に多い。これはそれだけ左打者のほうが右打者より有利だということの証左である。

だが、中には右打者で高打率を収めている選手も幾人かいる(近年では、2014年に阪神タイガースのマット・マートン、2016年に読売ジャイアンツの坂本勇人《はやと》、2017年に横浜DeNAベイスターズの宮崎敏郎が首位打者を獲得)。これらの打者のように、右打者で高打率を残すにはどうすればいいのだろうか?

私は右打者と左打者を比べた場合、打ち終わってから一塁方向へスタートを切るのに、約3メートルの差があると考えている。

これは左バッターボックスのほうが右バッターボックスより一塁に近いから、という物理的な理由だけで言っているわけではない。

左打者の場合、バットを振り切った後の重心は一塁方向にすぐに向けることができる。しかし、右打者は振り切った後の重心がどうしても三塁方向へ行ってしまうから、そこから反対の一塁方向へ重心を移すだけでも相当なタイムロスとなる。ましてやそれが、バットを思いっきり振り切る長距離砲タイプの打者ともなれば一層不利である。これでは内野安打など望むべくもない。


では、ただでさえ足の遅い私が、なぜ三冠王を獲得することができたのか？　それは「打ち損じ」を減らし、確実に捉えることのできる「1球」に狙いを絞ったからである。本書で繰り返し述べているが、私が打者として大成できたのは「ヤマを張る」術に長けていたからだ。

自分の読みを的中させるには、毎日の対戦結果のメモを取り、ノートにまとめ、データを蓄積し、それを分析していく。さらに投手の配球を考えるのと同時に投手のクセも読み、「次の1球はこれだ」と狙いを定める。このような地道な努力を続けなければ、私のような不器用な打者がバットの芯でしっかりとボールを捉え、それをヒット、あるいは長打にすることなどできなかったし、三冠王を取ることもなかっただろう。

言い換えれば、現代で三冠王を取るには、人一倍の努力と準備という肉体的なものだけでなく、精神的（頭脳的）なものも必要だということだ。

果たして、今後三冠王を取るような選手が出てくるのか。その一番近い場所にいるのは「考えることのできる長距離砲」だと言っておこう。

Memo

「打ち損じ」を減らし、確実に捉えることのできる「1球」に狙いを絞る

一流のプロ選手になるには「知力」が欠かせない

かつて、2003年から2005年の3シーズンにわたり、私は社会人野球（シダックス）の監督を務めていた。この時に、プロとアマチュアの根本的な違いを肌で感じることができた。

プロ野球選手は、よく言われることだが「個人事業主」である。要するに、プロチームは個人事業主の集合体であり、何よりも個人の成績が優先される。

しかし、アマチュア野球の世界は、プロとはまったく違っていた。社会人野球の選手たちは一時的な報奨金は出るにしても、活躍しようがしまいが給料は変わらない。つまり、彼らは純粋に野球をするためにチームに在籍しているのであり、私が何も言わなくても、それぞれの選手が「勝利」というひとつの目的に向かって邁進してくれた。プロの世界ではまず「個人事業主である選手たちをひとつにまとめる」ことに何よりも腐心したが、社会人野球に実際に触れ「何てやりやすいんだ」と思うのと同時に、アマチュア野球の真髄を理解した。

「プロは「個人事業主」の集まりである以上、個人の成績を上げ、年俸を上げることが第一目標になるのは当然であるし、私もそれは否定しない。ただ、集団で動いている以上、それなりのまとまりがなければチームが機能せず、バラバラの状態では長いシーズンを勝ち抜いていくことはできない。

私はプロ野球の監督として、**選手たちに「考える野球」を理解してもらうのと同時に、言葉で彼らの心をひとつにまとめるのが大きな仕事であると考えていた。**そのためにもっとも力を入れていたのが「ミーティング」である。

ミーティングは指導者の考え方を、ただつらつらと述べるだけの場ではない。ミーティングとは、監督が「選手たちからの信頼を勝ち取る」ための真剣勝負の場である。だから、私は監督になっても毎日メモを取りながら誰よりも野球を勉強したし、知見を広めるためにさまざまな書物を濫読した。

重点的にミーティングを行なうのにもっともふさわしい時期は、春先のキャンプ中だ。それもオープン戦が始まる前の2月の1か月間。1年を戦う上でこの時期に選手たちとどれだけ意思疎通が図れるか。そこに勝負がかかっていた。

「いいキャンプが過ごせた」。そんな手応えのあるシーズンは、大概いい成績を収めることができた。逆に、選手たちの中に私の考えをいまいち浸透させることができなかったシーズンは成績が振るわなかった。

プロのアスリートとして生きていくために必要なのは、「気力」「体力」「知力」の3つである。どれかひとつ欠けてもいけないが、プロ野球選手には「知力」がもっとも欠けている。

私は個人事業主の集まりである選手たちをひとつにまとめるために、この「知力」を刺激することで「和」の心を引き出そうと考えた。

選手たちに「この本を読め」と言っても、その通りにする選手は少ない。だったら、ミーティングで私が彼らに欠けている「知力」を補っていくしかない。そこで私はミーティング中に私の話したことを選手たちにメモさせ、そこで得た情報を自分の血とし、肉としてもらうよう努めた。

「どのように話したら彼らの心に一番響くか」。ミーティングにおいて私がもっとも注力したのはそこである。彼らの心に響きそうな言葉を選び、投げかけていく。ちょっとでもつまらない話をすれば彼らはそっぽを向いてしまうから、**1回、1回のミーティングが私にとって真剣勝負の場だった**。

ヤクルト時代に「捕手の何たるか」を教え込んだ古田敦也とあの頃の話をしたら、「ミーティングでは、野球の話より社会一般に通じる話のほうが多くて驚きました」と言っていた。ミーティングの中身がそうなったのは、私が彼らに「野球人である前に一社会人であれ」と願っていたからである。

メモに蓄積した言葉が、高いレベルでの思考につながり、その後の自分を形成する手助けをしてくれる。本を読んで気になることがあったらメモし、尊敬できる人の言葉で胸に突き刺さってくるものがあったらそれも残さずメモする。そんな日常の心掛けが一番大切なのだと思う。

Memo

メモの習慣化が「知力」となり、その後の自分を形成する

移動時間は「思考力」を磨くことに使え

現在、プロ野球ではシーズン中に143試合が行なわれ、そのうち約半分が敵の本拠地で行なわれる。

アメリカのメジャーリーグに比べれば日本は国土が小さいのでまだましだが、それでも移動に次ぐ移動の日々は体力、気力をそれだけで消耗させる。

私は現役中も、監督となってからも、この**「移動」をとても大切な時間と考えていた**。

選手の中には「寝る子は育つ」とばかりに、移動中ずっと寝ている者も少なくない。体力、気力を復活させるために睡眠は大切なものであるから別に寝てもいいのだが、シーズン中の移動時間をトータルすれば相当な時間数になる。私はこの時間をただ寝て過ごすだけなのは何とももったいないと思ったのだ。

移動中、私がしていたことと言えば、読書と気になった言葉のメモ、さらに次の試合に向けたデータの見直し作業である。

また、不思議なものでそういった作業を移動中に続けていると、ある瞬間にふと妙案がひらめいたりすることが多い。相手投手の攻略法や、相手打者を打ち取るための配球や作戦など、パッとひらめいたことは忘れないように、その場でまたメモすることも怠らなかった。

移動中の利点は、気分転換をしながら「自分だけの時間」を過ごせることにある。シーズン中はたとえ空いた時間であっても、誰かが相談に来たり、ミーティングをしたり、あるいはマスコミの取材が入ったりと何かと慌ただしい。

しかし移動中は飛行機にしろ、新幹線にしろ、周囲に誰かいるとしても基本的にはひとりで、したいことがしたい時にできる。こんな素晴らしい時間をただ寝て過ごすだけなんて、貧乏性の私にはもったいなくてできない。

ここまで述べてきた「移動中に作業することの利点」をまとめると、次のようになるだろう。

・じっくり勉強できる
・学んだことの整理ができる
・次に備える準備ができる
・考え事ができる
・ひらめきが生まれやすい

みなさんも移動時間を上手に使い、ビジネスや勉学の世界で自分の力を大いに伸ばしていただきたい。

Memo

移動は気分転換をしながら「自分だけの時間」を過ごせる貴重な時間

「～とは？」と自分に問い続けよう

野球というスポーツを考えてするようになってからというもの、私は何かにつけて「～とは？」と考えてしまうクセがついた。野球の本質を考えれば「野球とは？」を考えざるを得ず、それを突き詰めて考えていくと「攻撃とは？」「守備とは？」「打者とは？」「投手とは？」とどんどん細分化されていく。私はそれらをメモしながら、時に俯瞰して「野球」というものを捉え直す。すると、自分にとっての「野球哲学」が、おぼろげに見えてくるのだ。ちなみに私が「野球とは？」と問われれば、「考えるスポーツです」と答えるだろう。

「～とは？」と考えることは、この社会で働く人たちすべてにとても大切なことだと思う。「経済とは？」「会社とは？」「営業とは？」「交渉とは？」など、**自分の仕事に**

関して細かく突き詰めていけば、業績を上げるための方向性が自ずと定まり、それがあなた自身の仕事の哲学、あるいは経営哲学になっていくのだ。

球技の中で野球ほど「考える間」があるスポーツはない。サッカー、バスケット、バレーにテニスに卓球と球技はたくさんあるが、一度ボールが動き始めたら「攻め」と「受け」の応酬となり、「次はどうしようか」などとゆっくり考えている暇はない。

ところが、野球はボールが動いている時間よりもそれ以外の時間のほうが長い。1球ごと、1打席ごと、イニングごとに「間」がある。技術や体力といったものには人それぞれに限界があるが、「考える」という行為には限界はない。野球のゲーム中に存在する、それこそ有り余るほどの「間」を「考える」ことに使わない手はない。

職業は違えど、**どんな仕事でも「考える」ことのできる「間」は、いかに忙しい状態であれ必ず存在するはずである。その「間」をいかに上手に使うか。**結果を出したい、業績を上げたい、そう考えているなら「間」の上手な使い方を考えてみてほしい。

Memo

どんな仕事も「間」を上手に使う

判断力は経験値を上げることで磨かれる

何事も慣れと経験が大切なことは本書で述べてきたが、「判断力」や「決断力」というものも、経験を積むことによってどんどんと磨かれていく力のひとつである。

読者の方の中には、もしかしたら「判断力は天性のもの」と思われている人もいるかもしれない。たしかに、目の前で自分には到底できないような判断を素早く、しかも的確にこなされたら圧倒的な力の差を感じ、「これは生まれもってのものだ」と思ってしまいたくなるのもよくわかる。

野球のみならず、勝負事はすべて「選択」の連続で成り立っている。「どちらにすべきか？」を判断し、「こちらだ」と決断する。迷いが生じれば誤った判断をしたり、決断のタイミングを逸したりすることにもなりかねない。

かく言う私も、捕手として、また監督として、一瞬の判断の迷いによって、手にするはずだった勝ちを逃したことは一度や二度ではない。

プロ入り4年目に私は「配球イップス」になったことがある。投手がボールを狙ったところに投げられなくなることなどを「イップス」と言うが、私はある日突然、投手に対する「サイン」を出せなくなってしまった。

理由はこうだ。入団4年目の私は一軍のレギュラー捕手に定着したものの、相手チームをしっかりと分析し、根拠ある配球を考え、投手にサインを出すというところまでいっていなかった。何の根拠もないまま、その場の雰囲気だけで次の球のサインを出す怖さからだ。「打たれたらどうしよう」「負けたら俺のせいだ」。配球に根拠がないから反省もできない。日に日に恐怖心ばかりが募り、サインを出す指が動かなくなった。

「配球に自信がないのでサインが出せません」。鶴岡監督にそう告げると、「何言っとんじゃこのバカタレが！　外野でも守っとれ！」とライトを守らされるはめになった。中学、高校時代を含め、外野などまともに守ったことはないから、守備位置すらよくわからなかった。すると、外野のファンから「野村そこじゃないぞ！」とか「もっと前だろ！」と突っ込まれる始末。あれは本当に恥ずかしかった。

恥ずかしい思い、悔しい思いで眠れない夜を何度も過ごし、私はそのたびに反省のメモを取りながら、「次にこういうことがあったら、同じ過ちは絶対に犯さない」と心に強く誓った。「根拠のある配球をしよう」と思ったのもこのことがきっかけである。長くプロ野球の世界で生きてきた私は、誰よりも多くの「失敗」を経験している。私はその「失敗」の経験によって「素早く、的確」に判断し、決断する力を磨いていったのである。1日は24時間。当たり前のことだが、時間はすべての人に平等に流れている。でも、**「経験」は自分のやりようによっては、他人と同じ経験であってもそれを2倍にも3倍にも増やすことができる。**

現役時代、私は捕手として「1日3試合」こなすことを日課にしていた。みなさんは「試合は1日に1試合なのにどういうこと？」と思っていらっしゃるだろう。私の「1日3試合」とは次のような具合である。

1試合目（想像野球）

試合前の準備。ロッカールームなどでその日予定されている先発投手と相手打者9人の対戦を頭の中で9イニング分、シミュレーションする。

2試合目（実戦野球）

実際の試合。事前にシミュレーションした配球と、現場での打者の反応を見ながら配球を組み立てていく。

3試合目（反省野球）

家に帰ってから、その日の対戦を振り返る。失敗した原因を省みながら、次の試合に向けた対応策を改めて考える。

仕事も忙しかったりすると、このような準備や反省が疎かになりがちである。でも、そんな時こそ自身に鞭打ち、準備・反省という「経験」を増やしていくことで判断力、決断力といったものは磨かれていくのである。

Memo

「想像、実戦、反省」、1日3回経験することで判断力を磨いていく

「怒り」は自滅への第一歩

私が捕手として得意にしていた技がある。今では多くの人がご存知かと思うが、バッターボックスに立っている選手に話しかける「ささやき戦術」がそれである。

投球に対する打者の対応を見て、私はその都度「何や、ストレート待ちか？」とか「インコースはまったく打つ気ないのぉ」などとボソッと一言、言い放つ。

別に私の言っていることが当たっていようがいまいが関係ない。打者が少しでも気にしてくれればそれだけで集中力が乱れるわけだから、私としては御の字。もしそれが当たっていれば、打者は「野村に俺の考えが読まれている」と思い、「考え方を変えなければ」と動揺してくれる。こうなればもう、その打席はこちらの勝ちだ。

疑心暗鬼になったり、動揺する以上に「しめた、こうなればこちらの勝ちだ」と思わせてくれる反応があった。それは他でもない「怒り」である。

「怒り」は人の思考をストップさせる。私が南海ホークスでプレーしていた当時、東映フライヤーズに「球界一ケンカ早い男」と言われた大杉勝男という強打者がいた。ホームランを量産するいいバッターだったが、如何せん気が短い。私は彼のそんな性格を逆に利用して、彼が打席に入るたび、他の打者以上にボソボソとささやき続けた。

そんなある日の試合、逆上した彼が私に向かって「うるせー、このヤロー！」と食ってかかってきた。私は「しめた」と思った。だから、こちらも頭にきた風を装い「何じゃ、先輩に向かってその口の利き方は！」と怒鳴り返した。球審が止めに入ったため乱闘までは発展しなかったが、私としては「してやったり」である。案の定、その打席で大杉は空振り三振。バットを叩きつけて悔しがっていた。

勝負の場で怒りを爆発させるのは、自滅への第一歩である。対戦相手の挑発に乗ってしまうなど愚の骨頂。私の知る「超一流」と呼ばれた選手はみな、どんな状況においても決して平常心を失うことがなかった。

どんな時も平常心で丁寧なプレーをいつもしていたのが「神様、仏様、稲尾様」と呼ばれた西鉄ライオンズの稲尾和久投手だ。

実働14年で276勝（通算防御率は1・98）を挙げた彼は、あらゆる状況において沈着冷静だった。彼の生命線だった精密機械のような正確無比なコントロールは、いつも精神状態がフラットに保たれていたからこそできたことなのだろう。

当時、南海ホークスのエースだった杉浦忠《ただし》から、こんな話を聞いた。お互いエース同士だった稲尾と杉浦は、対戦で顔を合わせることが多かった。杉浦が言うには、稲尾はどんな状況にあっても、きれいにマウンドをならしていた。普通、投げていればマウンドの土が削れてきて、踏み込んだ足の部分が穴のようになる。だが、攻守交替となり、杉浦がマウンドに上がっても土は平らなままだったそうだ。

稲尾がマウンド上でカッとなったところなど見たことがない。いつも冷静で、ピッチングは丁寧。この**「いつも冷静で丁寧」という言葉は、どんな仕事においてもいい結果を残すためのキーワードである。**

あなたがカッとしてしまうタイプなら、時間が経って冷静になってから、「怒った理由は何なのか?」「次に同じような状況になったらどのような考え方で臨めばいいのか」をメモにまとめてみるといいと思う。その繰り返しによって冷静な思考が保てるようになり、結果として「いい仕事」もできるようになるのだ。

Memo

怒りの感情をメモにすることで、冷静な思考が保てるようになる

敵は我に在り

第6章

失敗を成功に変えるメモ

ライバルを作る意味

現役時代、一軍に定着し、私が一番最初に掲げた目標が「3割、40本塁打」だった。だが、こういった数値的な目標はあくまでも個人的なことであるので、当時は公にすることはなかった。

基本的に、プロ野球のみならず、一般のサラリーマンの方々でも「目標」として掲げるのは「ライバル社に勝つ」「売上を伸ばす」「利益を上げる」といった、集団の実益に適うものであるはずだ。

自分の属する集団の利益を上げるために、「集団の中の一員」としての目標を掲げるのは大いに結構だが、それ以外にも、**公にはしないまでも自分の中でいろいろな目標を持っておくことは大切なことだと思う。**

「3割、40本塁打」という目標を掲げ、それを達成した私は、次なる「内なる目標」を掲げた。それは「王貞治に勝つ！」というものだった。

1963年、私は52本の本塁打を放ち、それまで13年間破られることのなかった51本の年間最多本塁打記録を更新した。誰よりも努力し、手に入れた新記録である。「10年は抜かれまい」。そう思ったのも束の間、翌年に王貞治が55本塁打を打ち、私が苦労して手に入れた最多本塁打の記録をあっさりと塗り替えてしまった。

こちらが戦後初の三冠王に輝けば、向こうもすぐに三冠王となり、マスコミからフラッシュを浴びている。今でこそ、パ・リーグはセ・リーグとまったく遜色のない人気リーグとなったが、私がいた頃はセ・リーグの人気に太刀打ちできず、中でも王貞治の属する読売巨人軍は日本中にファンを持つ、まさに日本一の人気球団だった。

何をしても日陰の存在のパ・リーグで脚光を浴びようと思ったら、セ・リーグにも通じるような記録を作るしかない。そう思って日夜練習に励んでいるのに、気がつけばおいしいところをすべて王に持っていかれる。私が通算600本塁打を放った1975年、マスコミの取材で「王や長嶋はヒマワリ。それに比べれば、私なんかは日本海の海辺に咲く月見草だ」と発言したのは、そんな自分の現状をそのまま表現しただけだった。とは言え、私が現役時代にそこまで成績を伸ばせたのは、王や長嶋の存在があったからである。

もし、あなたが身近な目標を立てられずに困っているのだとしたら、周囲にいるライバルに目を向けてみるといいかもしれない。

「あのライバルには絶対に負けたくない」

そう思わせてくれる人が身近にいるとしたら、それはとても幸運なことだ。ライバルの存在なくして、人としての成長なし。**まずはライバルのいる環境に感謝し、その上でライバルに勝つための策を練るといいだろう。**

数値的な目標、あるいは個人的な目標はあくまでも胸に秘め、チームの勝利のため、自分の属する集団がいい結果を残すために目標を掲げるのが、一流の在り方なのだ。

Memo

ライバルの存在なくして、人としての成長なし

何も教えてくれない親分・鶴岡監督から教わったこと

私がいつもメモをつける習慣がつくようになったのは、他ならぬ当時、南海ホークスの監督だった鶴岡一人《かずんど》さんのおかげである。

鶴岡監督のおかげといっても、親分（当時の鶴岡監督の代名詞）から手取り足取り指導を受けたからでも、「おい、野村。ちゃんとメモを取れよ」と助言を受けたからでもない。真実はそのまったく逆である。

私は親分の口から野球のプレーに関する技術的、戦術的な話を一切聞いたことがないし、指導を受けたこともない。これは私に対してだけでなく、他の選手たちに対しても同じだった。

指揮官だった親分のやり方は、簡単に言えば軍隊式の精神野球だった。失敗すれば烈火のごとく怒られる。投手が打たれても、ベンチに戻ると怒られるのはなぜか私だった。

「野村、打たれた球は何だ？」と聞かれたので、「真っ直ぐです」と答えると「バカたれ！」と怒られ、それでおしまい。

「そうかあの場面では真っ直ぐでは駄目なんだ」。私はそう考え、次にそのような局面になったら「変化球で勝負しよう」と考えた。

そして、似たような場面に出くわした時、今度はカーブで勝負したのだが、またもやヒットを打たれてしまった。

ベンチには鬼の形相の親分が待っていた。

「何を投げさせた！」

「カーブです」

「バカたれ！」

一事が万事この調子だった。失敗すれば怒られる。「何が駄目だったのか？」「その状況ではどうすればよかったのか？」、そういった指摘は一切なかった。

ここで私は気づいた。

「そうか、プロは自分で考え、自分の力で困難を克服していくしかないんだ」

以来、私は片時もメモを手放さず、現場ではあらゆる気づき、答え、情報といったものをメモし、家に帰ってからそれらを改めてまとめ直し、自分だけのデータを蓄積していったのである。

もし、私が親分以外の指導者に出会っていたら、その後3割40本塁打を達成できただろうか？　懇切丁寧に、手取り足取り指導してくれる指導者に出会っていたら、私は三冠王を獲得したり、プレーイングマネージャーになったりするまでに成長できただろうか？　後にいくつもの球団で監督となり、通算1565勝を上げることができていただろうか？

きっと答えは「否」である。私に考える習慣を与えてくれた大恩人。それが鶴岡監督なのだ。

Memo

自分で考え、自力で困難を克服せよと教えてくれた放任主義者

二流と一流を分けるもの

「〝スランプ〟と言っていいのは二流だけ」。これは私の持論である。一流の人は決して「私はスランプだ」などとは言わない。

現役時代、私は調子が悪くなっても、それが「スランプ」だとはまったく思わなかった。いい時も、悪い時も、常にメモを取っていたから、そこに記された自分の過去のデータをもとに、「なぜ今、調子が悪いのか？」の答えを自分なりに導き出し、その都度対処するようにしていた。

監督になってからも、「スランプなんです」と言う選手がいたら、「それはスランプじゃなく、ただの下手くそなんだよ」と返すのが常だった。

「人生、山あり、谷あり」という言葉もあるように、人は誰だって生きていれば調子のいい時もあれば悪い時もある。バイオリズムとでも言うのだろうか。調子のいい時は何をやっても不思議なほどにうまくいく。しかし、一度不調の渦に巻き込まれると、その負のスパイラルから抜け出すことは容易ではない。

やることなすことうまくいかず、思うような結果が出なければ、「自分が悪いんじゃない。これはスランプだ」と原因を他に求めたくなる気持ちもわからないではない。

でも、そういった人たちは「調子のいい時の自分」を基準にしてしまっているから、悪い時の自分が認められないだけなのだと思う。

「スランプ」という言葉を逃げ道にせず、調子の悪い時の自分としっかりと向き合うためには、逆転の発想をしてみるといい。つまり、**「調子のいい時の自分」ではなく、「調子の悪い時の自分」を基準にしてみるのである。**

調子の悪い時の自分を基準にすれば、今まで調子がよかったのは「たまたまだ」と思える。それがもとに戻り、いつもの自分になったわけだから、調子のよかった時の自分に少しでも近づけるように、そこからまた新たな努力を始めればいいわけだ。調子の悪い時を克服したとしても、新たな壁はまたすぐに現れる。結局成長というものは、目の前に現れるいくつもの壁を逃げずに立ち向かった人だけが得られる成果なのだ。

現役を退き、選手を指導する立場となってから、不調に喘ぐ選手を幾人も見てきた。私の目にはその選手が「なぜ不調なのか？」は一目瞭然だったが、私はあえて「ここをこうすれば直るよ」と直に指導することはしなかった。

選手に不調を直すポイントを教えてやれば、問題は早く解決し、悪い状態も元通りになるかもしれない。しかし、プロで生きていれば好不調の波は必ず訪れるものであるから、その都度、監督やコーチに甘えているような選手は、その世界で生きていくことはだんだんと困難になっていく。そうならないためにも、選手は自分自身で解決する方法を見出していかなければならないのだ。

好不調の波をたくさん経験した人ほど、次第にその好不調の波は小さくなり、また不調の波から抜け出す時間も早くなる。日頃から自分の好不調をメモするようにしておけば、それが不調を脱するためのヒントとなるはずである。二流と一流の差は、もしかしたらそんなところに隠されているのかもしれない。

Memo

日頃の好不調を記したメモが、不調を脱するためのヒントになる

侍ジャパンの監督は「正しい努力」のできる選手だった

2017年に侍ジャパンの監督に就任した稲葉篤紀《あつのり》は、私がヤクルトで監督をしていた1994年にドラフト3位で獲得した選手である。

彼は法政大学で4番打者を務め、ヤクルトにドラフト3位指名されたが、その順位からもわかるように「期待の即戦力」として獲得されたわけではなかった。

ドラフトのあった年、私の息子・克則が明治大学の選手だったため、「たまには見てやるか」と神宮球場で観戦した。その時の対戦相手が法政大学で、4番ファーストを務めていたのが稲葉だった。

稲葉はこの試合でホームランを打ち、それが私の目に留まり獲得にいたるわけだが、3位指名にいたるまでには内部で紆余曲折があった。

当時のヤクルトの補強ポイントのひとつは「即戦力の左打者」だった。私がスカウト陣に「法政の稲葉がいいんじゃないか?」と提案すると、「一塁手としては長打力に欠けます」と一蹴されてしまった。この翌年、阪神タイガースからトーマス・オマリーが移籍してくることがすでに決まっていたため、スカウト陣には同じ一塁である大学生の稲葉は物足りなく感じたのだろう。

だが、私の目の前で彼がホームランを打ったのも何かの縁のような気がした。私は「稲葉は外野でも使えるから」とスカウト陣の反対を押し切って3位で指名したのである。

しかし、入団した当初の彼は体の線も細く、その後2000本安打を達成する選手になるとはとても想像できなかった。これは同期入団の宮本慎也にも当てはまることだが、**稲葉にしろ、宮本にしろ、プロで長く活躍する選手にはみな共通点がある。それはいずれの選手も「努力の天才」であるということだ。**

稲葉も宮本も、試合前から打撃練習、守備練習に余念がなく、試合後も遅くまで残って自主トレに励んでいた。**ふたりはミーティングでも、私の言ったことを一言一句聞き逃すまいとメモを取り続けていた。**

ふたりとも「天才」タイプの選手ではないし、決して花のある選手でもない。どちらかと言えば、私の現役時代と同じく「月見草タイプ」の選手である。

しかし、先述したようなひたむきな努力のできる人が、この世界では生き残っていくことができる。とくに稲葉の場合は、プロになってからそれまであまりやったことのない「外野」というポジションにチャレンジすることになった。

稲葉は肩が強くなかった。しかし、彼は自己観察のしっかりできる選手だったので、「肩が弱い」という事実はよく自覚しているようだった。私も日々のミーティングで「自分の現状をしっかりと把握せよ」と選手たちには言い続けていたし、彼も自分のウィークポイントをメモし、その改善プランを練っていたに違いない。


稲葉はその後、自分の弱点を補うために素早いフットワークを身に着け、打球の判断をよくし、守備範囲を拡大させていった。「努力の天才」とはひたむきな努力をするだけではなく、「正しい努力」のできる人のことを指す。

稲葉は外野のレギュラーになるため、日々練習に勤しんだが、一軍にいれば練習時間が限られるため、毎日100本ノック、1000本ノックをひとりで受け続けるわけにはいかない。そこで、彼はフリーバッティングの最中、外野で打者の打球を追うことにした。それもフリーバッティングのほとんどの時間を、である。

通常、外野手はフリーバッティングの最中にちょっと打球を追うことはあっても、長い時間そこに留まることはない。だが、稲葉はただ、ひたすらに打球を追いかけた。当然のことながら、打球は実際にプロの打者が放った当たりである。ノックで飛んでくる打球とは速さも、伸びも違う。彼はノックを数多く受けられないハンデを、「実戦同様の打球を追う」ことで補っていたのだ。

正しい努力の甲斐あって、稲葉はプロ入り2年目には外野のレギュラーに定着した。後に、彼は北海道日本ハムファイターズに移籍するが、2006年から2009年まで、4年連続でゴールデングラブ賞を獲得したのを見ても、彼がいかに「正しい努力」をしていったのかがわかる。

自分の弱点を知り、そのポイントを改善するために正しい努力を続ける。結果を出す第一歩はそこから始まるのだ。

Memo

「正しい努力」とは、自分の弱点を知り、ポイントを改善すること

真似から自分だけのスタイルを作り出す

「学ぶ（まなぶ）」は「真似る（まねる）」からきている、というのはよく言われることだ。「まねる」が「まねぶ」になり、やがて「まなぶ」になったらしいのだが、なるほど、「真似る」は「学ぶ」の第一歩だと言えなくもない。

「学ぶ」ことは「真似る」ことからスタートすると言える事例を、私はプロ野球界でいくつも見てきた。かく言う私も「真似る」ことから学んだひとりである。

南海ホークスでプレーイングマネージャーをしていた頃、東京農業大学から入団してきた片平晋作《しんさく》という選手がいた。この選手は左打ちなのだが、その打撃フォームがなんと王貞治そっくりの「一本足打法」だった。

「世界の王」に倣《なら》おうと、彼の打撃フォームを真似したプロ野球選手は他にもたくさんいたが、一本足打法は強靭な足腰がなければ成り立たない、習得するのは大変に困難な打ち方である。一本足打法にチャレンジした多くの選手はいずれも断念し、元の打撃フォームに戻っていった。

でも、ここで紹介した片平だけは違った。上げた右足を踏み出した時に、重心が前に行き過ぎる嫌いがあったが、それでも一本足打法を真似ることに徹し、自分のものにしてしまったのだ。

片平がすごかったのは、打撃フォームだけでなく、何から何まで王の真似をして、そのコピーになりきろうとしていたことだ。王が長袖のアンダーシャツを着ていれば片平も長袖、王が半袖に切り替えたら片平もそれに倣うといった具合で、すべてを「真似しよう」という気概が、難しい打撃フォームの習得の一助となったのだろう。

実は私も、プロになってから先輩の打撃フォームを真似ようとしたことがある。その先輩とは、口に出すのもおこがましいのだが、「打撃の神様」と呼ばれた読売巨人軍の川上哲治さんである。

私は打者としても捕手としても、他の選手のプレーを見て「お、これはいいな」と思ったら貪欲に取り入れていた。

当時は交流戦などない時代である。セ・リーグの打者の打撃を間近に見るとしたらオールスターに出場するか、日本シリーズに進むしかなかった。そんな状況にあって私が初めて「打撃の神様」のプレーを間近に見たのは、1957年に好成績を上げ、初のオールスター出場を果たした時だった。

川上さんはもちろんセ・リーグの4番である。試合前の練習から、私は川上さんの一挙手一投足を見逃すまいとじっと見ていた。すると、川上さんが奇妙な素振りを始めたのである。左打者の川上さんが、自分の体の右側だけでまるで柄杓《ひしゃく》で水をまくように、何度も何度も小さく素振りをしていたのである。

「何であんな素振りをしているんだろう?」「きっと何か意味があるに違いない」と気になってしかたがなかった。

家に帰ってから、川上さんの奇妙な素振りの特徴をメモし、自分なりにその意味について、その後何日も考えた。そして私は、「体重が軸足（左足）に残り過ぎるのを防ぐためにやっているのだろう」と結論を出した。

実は私も、川上さん以上に軸足に体重が残ってしまうタイプで、どうにかならないものかと思案していた時期でもあり、この川上さんの素振りは私の打撃フォーム改善にもとても役に立った。

どんな一流の選手であっても、最初はみな必ず誰かの「真似」から入っているはずである。**真似を繰り返すうちに、やがて自分らしい色が表われ、最後にはその人のスタイルとなって確立されるのだ。**

成長したければ、こうありたいと思う人の真似を積極的にどんどんすればいいと思う。真似上手は、その人の伸びしろを確実に伸ばしてくれるはずである。

Memo

「学ぶ」ことは「真似る」ことからスタートする

なぜ捕手は一番やりがいのあるポジションなのか

長年プロ野球を見てきて、「名投手」「名一塁手」「名三塁手」といったところはすぐに名前が挙げられるのだが、「名捕手」だけはどうにも思い浮かばない。

やさしい読者の方々は「ノムさんがいるでしょ」と思ってくれているかもしれないが、とんでもない。私は名捕手などではない。これは謙遜でも何でもなく、本当に心底そう思っている。

考えてみれば、捕手は本当に地味な存在だ。その他の野手のような華々しいファインプレーもないし、相手を完封で抑えても、お立ち台に立つのは投手である。

捕手がグラウンドですることは、家庭での「母親」の立場に近い。綻《ほころ》びがあったら直し、投手、野手の様子がおかしいと思ったらいち早く察し、とにかくいろいろなことに気づき、気配り、目配りしながら対応しなければならない。しかも、そのほとんどがあまり観客にはわからない、地味な作業ばかりである。

表舞台に立っているのに、やっていることは裏方さんのようなことばかり。成功してもあまりほめられることのない損な役まわりだが、私にはそんな「捕手」というポジションがとても合っていた。

私は貧乏な母子家庭で育った。母親は兄と私を女手ひとつで育ててくれた。当然のことながら母は朝から仕事でいないから、炊事や洗濯などは自分たちでしなければならない。そんな環境で育ったものだから、きっと他の男性たちよりもいろいろなことに気づけるようになったのだろう。もちろん、捕手の中には、私のように育った環境で捕手型の人間になったのではなく、生まれ持っての天性の捕手型の人もいる。

いずれにせよ、捕手は1球1球のほんの短い数秒の中で、投手の調子を見て、野手のポジションを確認し、打者の打ち気を感じ、相手ベンチが何をしてくるのかという気配を察しながら、サインを出していかなければならない大変な商売なのだ。

現役時代、グラウンドに足を踏み入れると、別に粗探しをしているわけでもないのに、内野でバッティングをしている選手、外野で守備練習をしている選手など、全体の動きが自然と目に入ってきて、「お、あいつは調子いいな」「あいつは何か具合が悪そうだな」などと、それぞれの調子が何となくわかったものだ。こんな感覚が養われたのも、捕手を続けたことによる職業病のようなものだ。

また、捕手は「ずる賢ければいい」と思っている方もいるかもしれない。しかし、それは確かに合っている部分もあるが、間違ってもいる。**捕手に一番必要なもの、それは「素直さ」である。**素直さがなければ投手の気持ちも、ベンチが何を考えているのかも理解できないし、何よりいろいろなことを吸収して伸びていくことができない。捕手はこの素直さに「打者との駆け引き」や「ずる賢さ」をちょっと加えていけばいいのであって、その根本部分である「素直さ」を蔑《ないがし》ろにしてはいけない。

野球というスポーツは奥深いスポーツである。その奥義があるとしても、きっと誰にも極めることはできないだろう。だが、その奥義を極める一番近くにいるのは、やはり「捕手」だと思う。捕手こそ、野球で一番やりがいのあるポジションなのだ。

Memo

自分の中の「素直さ」を蔑ろにしてはいけない

私の考える「プロフェッショナル」

私がメモを取るようになったきっかけは、「結果がすべて」のプロフェッショナルの世界で生きていくには、ただがむしゃらにやっているだけでは駄目だと、新人の頃に気づいたからである。

どんな職業でも、いい結果を出すには「肉体」「頭脳」「経験」の3つがバランスよく備わっていなければならない。プロスポーツは「肉体」の占める割合が大きいが、それだけでは一流の選手にはなれない。

体を鍛えながら技術と駆け引きを学び、さらに多くの成功と失敗を繰り返し、プロとしての厳しい経験をいくつも積んでいくことで一流に近づいていくのである。

「肉体」「頭脳」「経験」の中で、「頭脳」だけがよくなっても、それは「頭でっかち」の状態でバランスが非常に悪い。だが、「頭脳」を磨くことで「肉体」の力はより有効に発揮されるようになり、「経験」の内容はより充実していく。私の場合は日々メモを取ることによって「頭脳」を磨いていったが、そのやり方は十人十色。いろいろあっていいと思う。

いずれにせよ、**「肉体」「頭脳」「経験」のバランスがよくなるということは「過程」がよくなるということである。**「過程」がよければ「結果」も自ずといい方向に向かっていくのは、もはや言うまでもないだろう。

プロは、大層なことを事も無げにこなすから、世間の人たちから「プロ」と呼んでもらえる。大層なことを一所懸命に、さも大変そうにやっているようでは、とてもプロとは呼べない。

その定義から言えば、「本当のファインプレー」は、ファンの目に「ファインプレーだ！」と派手に映らないプレーである。

一般の人がとてもできないようなことを、事も無げにさらっとやってのける。その裏にある、事前の準備や綿密な計算といったものは、ファンに感じさせてはならない。**難しいことをいかに簡単そうにこなすか。そこにプロの真価が問われているのだと思**

う。

もし実際に球場に行く機会があれば、ぜひ選手たちのプレーのそんなところにも注目してほしい。

「あ、抜けた」と思うような当たりを、さも当たり前にキャッチし、簡単にアウトにしてしまった選手がいたとしたら、それは「本当のプロ」である。

Memo

「過程」がよければ「結果」も自ずといい方向に向かっていく

未来に向けて反省すれば、負けは負けでなくなる

第5章でヤクルト時代に行なった戦術「ギャンブルスタート」について触れたが、実はこの戦術を多用するきっかけになった試合がある。それは1992年のヤクルト対西武ライオンズの日本シリーズである。

ヤクルトは4戦が終わって1勝3敗。後のない絶体絶命の状況に追い込まれてから3戦連続で延長戦に持ち込み、3連勝。最終戦である第7戦まで戦いはもつれ込んだ。

その第7戦、1対1で迎えた7回にヤクルトは1アウト満塁のチャンスを迎えた。バッター・杉浦亨《とおる》の放った痛烈な当たりが、一二塁間に飛んだ。

その瞬間、私はサードランナー・広澤克実のホームインを確信した。しかし、広澤は西武のセカンド・辻発彦《はつひこ》がライナーでキャッチするかと思いスタートが遅れ、ホー

ムでアウト。私たちはその後、延長まで粘ったものの、チャンスをつぶした流れが尾を引き、つかみかけていた日本一の称号を逃してしまった。だが、このような失敗は私の人生にはそれまでもいくらでもあった。私はこの時、「この負けを勝利につなげる」ことを心に強く誓った。

負けは負けたと思った瞬間が負けであり、負けだと思わなければそれは勝利につながる。私はそう信じて戦ってきた。

反省とは未来に向けて行なうものである。過去に向かって反省するから暗くもなるし、嫌にもなる。失敗が重なっているということは、逆に考えれば成功に近づいているということなのだ。

翌年のキャンプで、私たちは前年の失敗は繰り返すまいと「ギャンブルスタート」の練習を繰り返した。三塁から本塁を狙うスタートだけでなく、通常の盗塁でもギャンブルスタートを仕掛ける練習をしつこいくらいに行なった。

リベンジの機会はすぐにやってきた。

そのシーズン、ヤクルトはリーグ制覇し、日本シリーズに進出。相手はあの西武ライオンズだった。

「あの負けを勝利につなげる」。チームの誰もがそう思っていた。だが野球の神様もそうそう簡単に日本一の栄冠を私たちに与えてはくれない。その年のシリーズも第7戦までもつれ込んだのだが、その8回に前年と同じような状況をヤクルトは迎えた。

8回、1アウト三塁。この状況で三塁ランナーの古田敦也はギャンブルスタートのサインがいつ出てもいいように準備をしていた。

だが、私は西武の内野陣がいつも以上に前進守備を敷いているのに気がついた。これではリスクがあまりに高過ぎると判断して、私はギャンブルスタートのサインを自重していた。

バッターは因果なもので、またも広澤だった。彼の打った当たりがショートに飛ぶ。すると、なんと三塁ランナーの古田がそこでギャンブルスタートを自発的に切り、ホームに生還。これがダメ押しの1点となり、私たちヤクルトは日本一となり、私にとっても監督として初の日本一だった。

後で古田に聞いたところ、彼は「ここでギャンブルスタートをやらないでいつやるんだ」と思っていたという。それを聞いた時、最初は「何を生意気な」と私も思ったが、さすが、私が手塩にかけて育てた選手であるとうれしくも感じた。

あの時のヤクルトのように、**人は失敗してもそこから学び、やり直すことができる。あきらめたらそこですべて終わりなのだ。**一度や二度の失敗でくじけてはいけない。

「この負けを勝利につなげる」
「この失敗を成功につなげる」

その強い気持ちを持って生きていけば、きっとリベンジのチャンスは巡ってくる。繰り返しになるが、負けは負けたと思った瞬間が負けであり、負けだと思わなければそれは勝利につながる。

あなたにも、そう信じてこの社会で戦っていってほしい。

Memo

負けだと思わなければ、やがてそれは勝利につながる

生き残るための15条

私はさまざまな書物を読み、気に入った言葉があればすぐにメモし、それをミーティングなどで選手たちに伝えるようにしていた。

ある日、ヒンズー教の教えの中でとても気になる一節があった。選手たちにもすぐ披露したが、それをここでもご紹介したい。

意識が変われば行動が変わる
行動が変われば習慣が変わる
習慣が変われば人格が変わる

人格が変われば運命が変わる

野球の話そっちのけで、ミーティングの内容がこのような「いい言葉」の紹介だけで終わってしまったことも何度かある。

でも、選手たちは野球の話より、私のこういった「いい言葉」の解説のほうが興味があるようで、眼を輝かせながらメモを取っている選手もたくさんいた。

監督時代、ひとりでも多くの選手にプロ野球の世界で生き残ってほしいと思い、「プロ野球で生き残るための15カ条」なるものを毎年伝えていた。

これはプロ野球選手に向けたものではあるが、この世のあらゆる職業の方々にも生かせる内容だと思うので、本章の最後の言葉として紹介する。

〈プロ野球で生き残るための15カ条〉

第1条　人と同じことをやっていては、人並みにしかなれない
第2条　目的意識と目標意識を持つことがもっとも重要である
第3条　常に自信をもって挑む
第4条　「プロ意識」を持ち続ける
第5条　人真似（模倣）にどれだけ自分のαをつけ加えられるか
第6条　戦いは理をもって戦うことを原則とする
第7条　状況の変化に対し、鋭い観察力、対応力を持っていること
第8条　セールスポイントをひとつ以上持っていること
第9条　自己限定人間は生き残れない
第10条　打者は相手投手に内角（球）を攻める恐怖を持たせ、投手は内角球の使い方がうまくなければならない
第11条　鋭い勘を日頃から鍛えておく
第12条　常に最悪を想定して対策を練り、備えておく
第13条　仕事が楽しい、野球が好きだ、の感覚を持て
第14条　時期にやるべきことを心得ている
第15条　敗戦や失敗から教訓を学ぶこと

以上の15カ条である。みなさんの参考にしていただければ幸いである。

Memo

気に入った言葉があればすぐにメモし、ミーティングで伝えていた

第7章
メモの蓄積が真のリーダーを作る

今の12球団に真のリーダーはいるのか

２０１８年のシーズンも終了し、広島東洋カープが3連覇を果たしたセ・リーグでは、読売巨人軍の高橋由伸監督と、阪神タイガースの金本知憲《ともあき》監督の辞任が発表された。現役時代にどれほど素晴らしい成績を残そうとも、名選手が名監督になれるとは限らない。それほどまでに、プロ野球の世界で真のリーダーになるのは困難である。

これは私の持論なのだが、外野手出身の選手から名監督は生まれにくいと考えている。野球には「ダイヤモンド」という用語があるが、攻守の戦術においてその核となる大事なことは投手、捕手を含めた内野で行なわれている。一般社会でも仕事のできない社員は「外野に行ってろ！」と言われたりする。要は外野出身の選手に、チームを機能させる戦術をしっかりと使いこなせるか、私には甚《はなは》だ疑問なのだ。

巨人に高橋監督が就任して以来、私はさまざまなメディアで「高橋監督は野球を知っているのか？」と言い続けてきた。

先述したが、私が監督をしていた頃は「想像野球」「実戦野球」「反省野球」と、1日に3試合をこなしていた。

そのチームにふさわしい、あるいはその状況にもっと合った采配を振るう。これが「正しい野球」と私は考えているからこそ、毎日メモを取り、試合前と実際の試合、そして試合後の「1日3試合」をこなしていた。このような考えを持って「1日3試合」を実践している監督が今、12球団にどれだけいるというのか。

初回、ノーアウト一塁の場面。高橋・巨人では、まるで判を押したかのようにバントが行なわれる。これをどう考えるか？

もし、エース・菅野智之が投げているなら、「1点取れば勝ち」なわけだから、バントが選択されるのも理解できる。これが私の言う「想像野球」である。

しかし、高橋監督はエースでなくとも、たとえ防御率の悪い投手が投げていたとしてもバントを選択する。プロというのはアマチュア（高校、大学、社会人）の模範とならなければいけない。球界の盟主たる巨人がこのような野球を見せて、それが模範と言えるのだろうか？

また、2018年のシーズンに巨人が勝ち切れなかった要因は、小林誠司、宇佐見真吾、大城卓三《たくみ》、この3人の捕手を併用したことにある。

捕手は「経験」がもっとも重要なため、他のポジションと比べて、育成するのにとても時間がかかる。扇の要である「捕手」は、グラウンド内での監督であり、頭脳である。野球の試合を作っているのが捕手である、そういう意味では「野球というドラマ」を作っている「脚本家」と言ってもいいだろう。そんな大切なポジションである脚本家を、日替わりでコロコロと代えていたら面白いドラマなど作れるわけがない。

捕手それぞれにリードや配球、考え方は異なり、日によって捕手が違ったら投手も落ち着いて自分の投球をすることができなくなってしまう。長い目で見れば、少々の失敗には目をつむってでも捕手は固定したほうがいい。

「優勝チームに名捕手あり」

これはプロ野球界の長い歴史の中でも証明されている事実である。

阪神タイガースの金本監督は若手の育成に失敗し、チームも最下位となり、その責任を取っての辞任となった。

金本監督は、以前「勝ちながら若手を育てる」と言っていた。しかしこれは、力の劣る若手を多少入れても総合力にあまり影響のない「常勝チーム」の発想であり、今の阪神にはまったく合わない考え方である。

私が阪神で監督を務めた3年間、チームは3年連続で最下位だった。でも、私が退任した2年後に阪神が優勝を果たした時、歓喜の輪の中心には私が我慢して使い続けた赤星憲広《のりひろ》、矢野燿大《あきひろ》、桧山進次郎らの姿があった。

私も経験したから言えるが、阪神の監督を務めるのは本当に難しい。金本監督は若手を起用しながらチームを変えていこうとしたのだろうが、先述したように弱いチームでは「勝ち」と「若手育成」は両立しない。

奇しくも来季の新監督は、私の教え子でもある矢野が務めるという。彼は当時、ミーティングで私の教えをしっかりメモし、時に「監督、僕はこう攻めたいんです」と自分の意見も伝えてきた。また、彼は「考える野球」を実践することにより、相手投手の配球を読み、ヤマを張ることによって打率3割も実現させた。

矢野は私の教えた「考える野球」のできる男である。阪神の二軍監督として日本一にもなっていて、選手の育成にも定評がある。

阪神のフロントが矢野の育成方法を受け入れ、「3〜5年後に強いチームを」という考え方に切り替われば、阪神も常勝チームを作っていけると思うのだが、果たして今後どうなっていくのか？　縁のある球団なだけに、これからもしっかりと見守っていきたいと思う。

野球は奥深いスポーツである。12球団の監督（リーダー）には、野球の神髄、醍醐味を感じさせてくれる「いい野球」をしてもらいたい。プロ野球は日本球界のトップであることを自覚し、「これが本当の野球だ」というところを全国の野球ファンに見せてほしい。私の願いはそれだけだ。

Memo

弱いチームでは「勝ち」と「若手育成」は両立しない

阪神・金本前監督は指導をやり過ぎた

プロ野球界には「名監督」「名コーチ」と呼ばれる人が昔も今も存在しているが、共通しているのは「教え過ぎない」ところにあるように思う。

新たに監督やコーチに就任したばかりの人に多いのが、すぐに結果を出そうとするあまり、「動き過ぎる」ことである。「何とかしなければ」という思いが強く、監督なら攻め方をコロコロと変えたり、コーチなら選手にいろいろな指導をしたりしてしまうのだ。

ヒットエンドランや盗塁など機動力を用いる攻撃が主だったチームが、いきなりバントを多用するようになったら戸惑うのは選手たちである。また、コーチから毎日のように違う指導を受けたら、これも戸惑うのは選手たちとなる。選手たちがみな戸惑った状態で毎日戦っていたら、勝てるチームなど作れるわけもない。

金本監督率いる阪神は2018年のペナントレースで17年ぶりのチーム最下位となった。シーズン開始前、金本監督は「私が就任してからもっとも強いチーム」と自信を漲《みなぎ》らせていたが、結果は惨憺《さんたん》たるものだった。私から見れば、金本監督は前に出過ぎであった。監督があんなに動いてはいけない。結果を求めて選手やコーチにもあれこれ口を出し過ぎたのだろう。

メジャーリーグには「教えないことが名コーチ」という名言がある。たしかに、私もメジャーリーグの指導風景を何度も見たことがあるが、コーチは選手に対してあまり事細かく説明するようなことをしない。

例えば、逆方向へのバッティング（右打者なら右打ち）が下手な選手がいたとする。日本だとこういった選手に対してコーチはすぐに「打つポイントはここ。スイングはこういうふうに」と手取り足取り指導してしまう。この「教え過ぎ」が選手の成長を阻んでいることを多くの指導者が気づいていない。

みなさんも経験したことがあると思うが、「他人から教えられたこと」は結構すぐに忘れてしまう。しかしそれとは逆に、**自分自身で気づいて会得したこと、あるいは**

痛い思いや苦い経験によって学んだことはなかなか忘れないものである。

選手に手取り足取り教えれば、それなりの結果はすぐに出るかもしれない。しかし、その「いい状態」は長続きしない。本当に選手の成長を願うのであれば、その選手が自分で何かに気づくまで、コーチは「じっくりと待つ」ことが必要なのだ。

「選手が気づくまで、じっくりと待つ」。実はこれを実行することがなかなか難しい。「待つ」とは相手に主導権のある状態である。自分が教えればすぐに結果が出るのに、待たなければいけないわけだから我慢、忍耐力といったものが求められる。

「できない人が、できるようになるまで待ってあげることができるか？」

そこに「名監督」「名コーチ」と呼ばれる所以の答えが秘められているのである。

Memo

選手が自分で何かに気づくまで「じっくりと待つ」ことができるのが、名コーチ

人を伸ばすミーティング

私が監督を務めたヤクルトスワローズ、阪神タイガース、東北楽天ゴールデンイーグルスは、いずれも当時は「弱小チーム」だった。

オファーがあった時のオーナーたちの言うことも、ほとんど同じだった。

「このチームを野村さんの力で強くしてください」

結果、ヤクルトでは日本一になることができたし、阪神と楽天では私の蒔いた種がその後開花し、阪神はリーグ優勝、楽天は日本一の栄冠に輝いた（いずれも監督が星野仙一というのは何の因果だろうか）。

どのチームも、私が監督に就任した直後は打力、走力、球威など「目に見える力」では他チームと比べて明らかに劣っていた。

この「目に見える力」を練習で鍛えていくのはもちろんなのだが、私が注力したのはそれ以外の「目に見えない力」を選手たちにつけさせることだった。

「目に見えない力」とは、簡単に言えば「考える力」である。配球や駆け引き、データ分析、さらには相手の心理を読む力。これらの力をつけることで、「弱者が強者に勝つ」ことが可能となる。

そこで、私は選手たちに「目に見えない力」をつけることにした。そのために用いた方法は「ミーティング」である。まずは春のキャンプで毎日ミーティングを行ない、選手たちに「野球とはこうやって考えてやるんだ」ということを伝え続けた。

プロ野球選手は、本も読まないような人間が結構多い。私のミーティングもただボーっと聞いているだけでは意味がないため、私は各選手にノートを持たせ、私の言うことの一言一句をメモさせるようにした。

ミーティングをしながら、私がホワイトボードに要点を書いていく。選手たちはそれをメモする。ホワイトボードが文字でいっぱいになると、スタッフがホワイトボードをひっくり返し、何も書いていない裏面を表にする。私がそこに再び文字を書いているうちにスタッフは裏面の文字を消す、といった具合で約1時間のミーティングでは「メモを取る」ということを徹底した。

メモを取りながら話を聞くと集中力が増すので、聞き逃すことが少なくなるし、内容が頭に入ってきやすくなる。ヤクルト時代は、このやり方で選手たちの「考える力」を随分と伸ばすことができた。

逆に、変な気を遣ったばかりに失敗したのが阪神時代である。ヤクルト時代と同様、阪神でもミーティングを当然行なったが、私はあらかじめ1時間のミーティングの要点をまとめたプリントを用意した。

このプリントがいけなかった。私は「こうしたほうが理解が深まるだろう」と思ってやったことなのだが、メモなどせずとも目の前に私の言いたいことが書かれたプリントがあるわけだから、選手たちは話をしている私を見るのではなく、「早く終わらないかな」と自分の腕時計ばかりを見るという事態になってしまった。

ミーティングでは「野球は考えるもの」をベースに、その回ごとにテーマを設けて話を展開したが、野球の話だけでは飽きてくるし、私は選手たちに「プロ野球選手である前に一社会人であれ」と伝えていたので、一般的な教養もしっかりと身に着けてほしかった。

そこで野球とはまったく関係のない「人間とは何か」「生きるとは何か」「プロフェッ

ショナルとは」といった哲学的な話題も随分と取り上げた。

『論語』や孫子の兵法など、古今東西の原理原則が書かれた書物の一節を取り上げ、それについて語ったりもした。私が一方的に話しているだけでは選手たちも眠くなってしまうから、よくミーティングの途中で「おい、人間とは何や？」「生きるとは何だ？」と選手たちに問いかけもした。

選手たちはそれまで生きてきて、そんなことを考えたことのない連中ばかりである。誰に聞いても答えはすぐに出てこない。でも、そうやって**問いかけることで、他の選手も「人間とは？」「生きるとは？」と考えるようになる。そこが私の狙いでもあった。**

ただ、その問いかけにしても注意すべき点がひとつある。

こういった問いかけをする場合、その対象にレギュラーやベテランを選んではいけない。レギュラーやベテランに問いかけをし、その選手がまともに答えられなかったとする。当然、他の選手たちの中には「何だ、こんな程度のことにも答えられないのか？」とその選手を見下すようになる者も出てくる。

さらにレギュラーやベテランはそれなりの「プライド」も持っているから、大勢の前で恥をかかせるようなことをすれば、私は彼らからの信用を失うことになるだろう。

そんなわけで、ミーティングでの問いかけはレギュラーやベテランにはしないほうがいい。これは一般の企業などでも同じことが言えると思う。
最後に、本項のポイントをまとめるので、あなたもぜひメモしてほしい。

〈人を伸ばすミーティングのポイント〉
ポイント①　ミーティングではとにかく「メモ」をさせる
NGポイント　プリントを配る
ポイント②　問いかけながら進行する
NGポイント　ベテランが窮するような質問はしない

Memo
約1時間のミーティングで「メモを取る」ということを徹底した

「俺様気質」のプロ野球選手が目を開くとき

プロ野球では3月下旬から9月の約半年をかけて、各チームがそれぞれ143試合を戦っていく。**この長きにわたる戦いを、戦術、技術だけで戦っていくのでは、すぐにボロが出る。**

もちろん、戦うための戦術を理解させ、選手各々の体力、技術の向上を図るのは大切なことである。しかし、長いシーズンを戦い、そこでいい成績を残そうと思ったら、先述したように選手たちには野球のことだけでなく、「人としてどう生きるか」という、人間、あるいは人生の根本を教えていくのもとても重要なことだと、私は考えている。

リーダーとして、チームを強くしていくためには、最低でも2〜3年の長いスパンで組織の変革を促していく必要がある。

そこでポイントとなるのが、「人間とは何か？」「人としてどう生きていくべきか？」という、人間の根本に対する問いを選手たちに投げかけ、考えさせることなのだ。

チームのミーティングで私は、人生の意味を考えさせるためにホワイトボードに次の言葉を記し、選手たちにメモさせた。それは、私が人生という言葉から連想した4つの言葉だ。

・人として生まれる　運命
・人として生きる　責任と使命
・人を生かす　仕事、チーム力
・人を生む　繁栄、育成、継続

私はリーダーとして、3つ目の「人を生かす」ことを最重要視していた。

「人を生かす」とは選手ひとりひとりを伸ばすことであり、それはチーム力のアップ

にも直結する。さらに選手ひとりひとりが「他の選手を生かす」ことを考えるようになれば、チーム力はさらにアップしていく。強いチームを作っていくためには、このような相乗効果が必要不可欠である。

ひとりひとりが個人事業主であるプロ野球選手は、「俺様気質」の人間が多い。「自分の力でここまで這《は》い上がってきた」という思いが強いため、ややもすると周囲の人たちへの感謝の気持ちを忘れてしまいがちだ。

そこで、私は2番目に挙げた「人として生きる」に関しても、その意味を選手たちに徹底して教え込んだ。

「自分の力で勝った」とか「自分の力で頂点を極めた」と思っているのは大きな勘違いで、周囲の人たちの評価は決してそんなものではない。**謙虚さと素直さを持って、自分と周囲とのバランスを図っていく。それが「人として生きる」ということなのだ。**

幼い頃から野球一辺倒で生きてきたプロ野球選手たちは、こういう話をそれまであまり聞かされたことがないようで、私が「人を生かす」「人として生きる」などとホワイトボードに記しながら説明すると、意外にも興味津々でメモを取りながら私の話に耳を傾けてくれた。

だから、私はミーティングの初めの挨拶で「はい、こんばんは。今日も知らないより知っていたほうがいい話をします」と言ってから話を始めていた。

「考えたことがないなら、一度真剣に考えてみろ」

そんな言葉もミーティングの最中にはよく発したものである。選手たちはそうやって毎日「考える」ことを続けることで、プロ野球選手としてだけでなく、「ひとりの人間」としても成長してくれたように思う。リーダーの仕事は、業績アップや業務の効率をアップさせるだけではないのだ。

Memo

考え続けることで、ひとりの人間として成長していける

部下を伸ばす いいリーダーの条件

リーダーのやるべきこと、なすべきことはたくさんあるが、「組織をいい方向に導いていく」のが第一になすべきことであるならば、第二になすべきことは「部下を育てる」ことに尽きると思う。上手に人材を育てるリーダーは評価され、部下を潰すようなリーダーはやがて組織から排除される。**リーダーは「いかに人材を育てたか」によってその価値が測られるのである。**

これはプロ野球に限らない。例えば、「人を育てる」という点で、京セラ創業者の稲盛和夫さんはその経営手腕はもちろんのこと、人材育成の面で評価が高い。これは氏が立ち上げた「盛和塾」から優秀な人材が多数輩出されているのを見てもよくわかる。歴史に名を残すような偉大な経営者は、自分や自分の会社のことだけでなく、いかに社会貢献を果たすかを考えている。人としての器が大きいということも、真のリーダーに共通していることとして挙げられるだろう。

ヤクルト時代にとてもお世話になった、ヤクルト球団の故・相馬和夫社長（当時）も、とても立派な経営者であった。

私がヤクルトの監督をしていた頃、生え抜きのスター選手だった若松勉が打撃コーチとして入閣してきた。その時、相馬社長から「野村さん、若松が次期監督となれるよう、何とか育ててください」とお願いされた。以来、私は若松に「常に私のそばにいて、気づいたことは残さずメモしなさい」と伝え、プロ野球監督のイロハを徹底的に叩き込んだ。その教えが生かされたのかどうかは定かではないが、若松は監督3年目の2001年に、ヤクルトを日本一に導いた。これは、外野手出身の監督として日本プロ野球界で初めてのことでもあった。

私が南海ホークスに入団した当時、監督だった御大・鶴岡一人監督は滅多にほめることのない、というより常に「怒っている」監督だった。私も随分と鶴岡監督から叱られたものだが、今となっては「人間、怒られているうちが花だな」とわかる。

人間が磨かれていくのは「無視」「称賛」「非難」の3段階に分かれる。まったく見込みのない三流は無視され、少し芽が出てきた二流は称賛され、一流となったら非難される。つまり、**リーダーから叱られる、文句をつけられるということは一流の証であり、そこにリーダーの大きな期待が込められているのである。**

だが、この法則もすべての部下に当てはまるわけではないことをつけ加えておく。そのいい例が、私が阪神タイガースで監督を務めていた頃の教え子である新庄剛志だ。新庄のような自由奔放、天真爛漫、世間知らずで本能の赴くままに生きているようなタイプは、叱ってはいけない。叱ればその持ち味、個性がとんどんと閉ざされてしまう。

彼のようなタイプは、おだてつつ、本人の自発性を引き出しながら思うようにやらせるのが一番である。「叱る」と「ほめる」を人によって使い分ける。これもリーダーのテクニックのひとつなのだ。

Memo

リーダーの大事な仕事は「部下を育てる」こと

「どうなりたいか？」は人を育てる魔法の問い

リーダーは、部下の「やる気」をいかに引き出すかを常に考える必要がある。

前項で述べた新庄のように、本人の思うようにやらせていれば「やる気」を発揮してくれる選手がいる一方で、どうやっても「やる気」を出してくれない選手もいた。

私の考える「やる気のない選手の原因」として、かつて私が記したメモに残っているその主たるものは次の７つである。

①　能力のわりに目標が低い

②　単調な反復を打ち破る手段を持たない

③ 限界を感じ、妥協したり、自分の力を限定したりしている
④ 成功の経験が少なく、挫折感に支配されている
⑤ 興味、好奇心を抱くきっかけがない
⑥ 疲労
⑦ 自信を持てずにいる

やる気のない選手は、これらの7つのうちのいくつかが合わさることによって、やる気を喪失している。

よく言われる「やる気スイッチ」を入れるには、どの理由に当てはまるかを考え、そこから対応方法を考えていけばいいと思う。

私が「野村再生工場」と呼ばれたのは、選手の自信に火をともし、やる気をうまく引き出してきたからだろう。

阪神で監督をしていた時、千葉ロッテマリーンズを解雇され、入団テストを受けて復帰してきた遠山奬志《しょうじ》という左腕投手がいた。彼は気骨にあれふれる男だったが、如何せん、身体能力は全盛時に比べると明らかに落ちていた。

そこで私は、彼に「プロ野球の世界で生きていきたいなら、すべてを変える覚悟を持て」と教え、「サイドスローに変えろ」「ワンポイントリリーフを目指せ」「シュートを覚えて、左打者のインコースを攻める技術を磨け」と指示した。

それまでのやり方、生き方をすべて改めていかなければいけないわけだから、遠山も相当きつかったはずだ。しかし、彼は私の思いを素直に受け止めてくれた。そして彼は大きく変わっていった。

シーズンが始まると、彼はワンポイントリリーフとして大活躍した。読売巨人軍の松井秀喜を13打数無安打に抑えるなど、「松井キラー」「左打者キラー」としてチームの勝利に貢献してくれた。

選手のやる気を引き出し、いい結果が得られるようにするには、目の前の物事に自発的に取り組む意識を持たせる必要がある。**何事もそうだが「やらされている」うちはいい結果は出ない**。

遠山の時もそうだが、私はまず選手に「どうなりたいか?」を聞く。そしてその答えが得られたら、「では、その答えを実現させるためにはどうしたらいいと思うか?」と尋ねるのだ。

そこまでいけば、後はリーダーが部下に対して簡単な指針を示してあげればいい。部下の自発性を促すには、その答えを部下自身に出させることである。「どうなりたいか？」「それを実現するためにはどうしたらいいか？」の答えをメモに取らせ、初心を忘れないようにさせるのも大切である。

そういった下準備がないまま、「ああしろ」「こうしろ」と命令しているだけでは部下は動いてくれない。組織をいい方向に導いていくためには、部下のやる気を引き出し、自発的に仕事をしてもらうのが一番なのだ。

Memo

部下の「やらされている」を「やりたい」に変える

川上監督は長嶋にもメモ書きをさせた

私が南海ホークスのプレーイングマネージャーとなった1970年、セ・リーグは読売巨人軍がV6を達成。まさに無敵艦隊として、破竹の勢いで快進撃を続けている真っ最中だった。私が兼任の監督となり、まず最初に目標としたのは、その時の巨人軍の監督だった川上哲治さんである。

この時の巨人は結果としてV9まで記録を伸ばすが、戦力がとにかく充実していた。3番、4番を務めていた長嶋茂雄、王貞治、ふたりのスーパースターの存在はもちろん、その脇を固める戦力が極めて強力だった。

そして、そのメンバーを適材適所に配し、選手同士をうまく競わせながらチーム力のアップを図り、見事に統率していたのが名将・川上監督だった。

V9当時の巨人の戦力は他の11球団を圧倒していたので、「あれだけ戦力が揃っていれば誰が監督をやっても勝てる」と負け惜しみを言う関係者もいた。

でも、それは本当に情けない意見であるし、野球を知らない人の言葉である。

たしかに、**戦力が秀でていれば短期的に勝つことは容易だろう。だが、それを続けることはリーダーの統率力や求心力といった、チームをまとめるための別の力が必要であり、それを実践していくことは並大抵のことではないのだ。**

V2、V3と勝利が続いていけば、他のチームは「巨人にだけは負けたくない」と必死に立ち向かってくる。どのチームと対戦してもエース級の投手をぶつけられるわけだから、そんな状態で1年を通じて戦っていくことは、まさにいばらの道を進むに等しい。でも、巨人はそんな状況の中、V9という空前絶後の記録を達成したのである。これがどれほどすごいことか。プロ野球の世界で一度でも頂点を極めたことのある監督ならば、その重みが理解できるはずだ。

V9時代の巨人の正捕手だった森祇晶とは同じポジションということもあり、当時から交流があったのだが、川上監督が普段からどのような指導をしているのか知りたくて、森に「川上監督はミーティングでどんな話をしているんだ？」と何度か聞いたことがある。すると、森は「監督はあんまり野球の話はしません。それより社会学、人間学の話のほうが多い」というではないか。**私はV9という偉業を達成したその裏には、チームを統率するための「人間教育」があったことをその時に知った。**

川上監督はスーパースターだった長嶋や王を特別扱いすることもなかったそうだ。長嶋がチームワークより個人プレーを優先させるようなことがあれば叱責し、ミーティングにおいても他の選手たち同様、長嶋と王にもしっかりメモを取らせる指導を怠らなかったという。

長嶋と王。希代のスーパースターさえも特別扱いせず、当時の12球団随一と言ってもいいチームワークを作り上げられたのは、川上監督だからこそできたことである。

強いチームを作るために、リーダーは「人間教育」も怠ってはならない。川上監督の実践していたことは、時代を超えてもなお、普遍的な組織論として私たちに大切なことを伝えてくれている。

Memo

リーダーは「人間教育」を怠ってはならない

組織はリーダーの力量以上には伸びない

「組織はリーダーの力量以上には伸びない」

このことを私はテレビや新聞などで事あるごとに言ってきた。リーダーは組織をいい方向に導いていけるよう、誰よりも自分を磨いておく必要がある。

リーダーが「自分を磨く」とは、社会のいろいろな分野にアンテナを張り巡らせ、学ぶ姿勢を保ち続けることだ。「俺はトップだから」と踏ん反《ぞ》り返っているだけのリーダーには誰もついてこないし、そのようなトップのいる組織は、一時はよくてもその状態が長続きすることはない。

いいリーダーは常に学んでいるから、「引き出し」も多い。だから、部下から何か問われてもすぐに適切な答えを導き出せる。

逆に学ばないリーダーがいたとしたら、いくらそのリーダーの話術が優れていたとしても、レベルの低い話ばかりでは部下はついてきてくれないだろう。

「ここ」という場面で、部下の胸を打つ一言を発せる知識や知恵がなければ、人の上に立つ資格はない。「信は万物のもとをなす」と言うが、部下から信頼を得られるリーダーとなるには、理に適った深い言葉を学び、自分の引き出しにストックしておく必要があるのだ。

人の上に立つ者は、その責任を明確に自覚し、本を読み、情報を収集し、経験を積み、人の心に響く言葉を獲得する努力を怠ってはいけない。

私は南海ホークスでプレーイングマネージャーをしていた頃に、評論家の草柳大蔵《だいぞう》さんと出会い、「本を読みなさい」と教わった。

草柳さんは私の師と呼べる存在の方である。草柳さんと出会い、私はいろいろなことを学び、それが後の人生を生き抜いていくための大きな財産となった。

みなさんには師と呼べる存在が、身のまわりにいるだろうか？　もしいるのなら、その人から大いにいろいろなことを学ぶべきである。また、もしいないとしても、「本」

が師の代わりとなってくれる。いろいろな本を読むことは、間違いなくあなたの成長の糧となるはずだ。

Memo

師と呼べる存在がいなくても、本が師の代わりになる

真のリーダーは「背中」で語る

プロ野球界のみならず、一般の企業などを見ても、「真のリーダーだな」と思えるような人はほとんどいない。

よく見かける「普通のリーダー」は、その仕事の能力がそこそこあり、口が達者で、世わたり上手なタイプである。あなたの身近にも、そのようなリーダーがひとりやふたりはきっといるに違いない。

私の考える「真のリーダー」の条件をうまく言葉にしている思想家がいたので、それをここでご紹介したい。

その思想家とは、中国・明代の儒学者である呂新吾《りょしんご》である。彼は「リーダーの資質」として次の3つを挙げている。

①もっともリーダーに適している人
↓深沈厚重《しんちんこうじゅう》…物事に動じず、どっしりと落ち着いた人
②2番目に適した人↓磊落豪雄《らいらくごうゆう》…小さなことにこだわらない人
③3番目に適した人↓聡明細弁《そうめいさいべん》…才能があり、弁の立つ人

私の考える真のリーダーは、呂新吾が言うところの①と②と合わせたような人物である。

細かいことはあまり言わず、自らの振る舞いや所作といった「背中」を見せることで組織を牽引していく。そんなリーダーこそ、「真のリーダー」であると私は思うのだ。

Memo

真のリーダーは物事に動じず、小さなことにこだわらない人

バランスの取れた組織を作る3要素

野球には9つのポジションと9つの打順がある。リーダーがまずなすべきことは、ここに適材適所の人材を配し、強いチームを作り上げることである。そのポジション、その打順にふさわしい人材を配していかなければチームのバランスは崩れ、崩壊していく。

私はバランスの取れたチーム編成をしていく上で、次のポイントをいつも念頭に置いていた。

①リーダーいかんによって、組織全体はどうにでも変わる

「水は方円の器に随う」という言葉がある。器とは指揮官を意味し、水とは組織のこと。つまり器（指揮官）が四角ければ水（組織）は四角くなるし、器が円ければ、水も円くなるという意味を表している。たとえどんなに人材が揃っていようとも、リーダーがしっかりしていなければ、その組織は機能しないのである。

②リーダーはその職場の気流にならなくてはならない

リーダーは自分が率いている集団を、自分の流れに巻き込むことができているかどうか。組織に属する人たちひとりひとりにやるべきことを自覚させ、叱咤激励しながら自分の流れに沿って働いてくれるよう促していく。

「感奮興起《かんぷんこうき》」という言葉があるが、この意味は「感じて奮い立たせ、人々の中に眠っている意気を起こす」である。これこそがリーダーの使命である。

③ **リーダーの職務とは「壊す・創る・守る」**

「壊す」は織田信長の行なった旧価値感の破壊を表し、「創る」は豊臣秀吉が行なった新価値社会の構築、「守る」は徳川家康が行なった既存事業の見直しと維持管理を意味している。リーダーは、この3つを組み合わせながら組織作りを行なっていく必要がある。

リーダーがチームをまとめる上でもっとも注意しなければならないのは、バランスである。バランスを無視し、ただ単に能力の高い人材だけ集めても組織は機能しない。人材をバランスよく配し、共通の目的意識や達成意欲を持たせることで、組織はいい方向に向かっていくのである。

Memo

人材をバランスよく配し、共通の目的意識や達成意欲を持たせる

リーダーと部下、それぞれの要求は相反することを理解せよ

南海ホークスでプレーイングマネージャーを務めていた当時、私はまだ30代で、「リーダーの何たるか」をまったく知らなった。組織運営の原理原則も知らず、選手たちに伝える言葉も持たず、無我夢中で「勝利」だけを追い求めていた。

南海ホークスを退団し、その後、私はロッテオリオンズと西武ライオンズでプレーし、１９８０年に引退。その後、ヤクルトスワローズの監督に就任したのが１９９０年だから、丸10年評論家として私は活動した。

評論家として、プロ野球を外から見て過ごしたこの10年が、私にとってとても貴重な時間となった。自分が生きてきた世界を俯瞰して見ているうちに、**現役時代の私はまわりがまったく見えていなかったことに気づいた。**

そうして、「これを理解していれば」と痛感したのは、「監督と選手の要求は常に相反する」ということである。その相反する要求をそれぞれ挙げてみたい。

〈監督の要求〉

①自主性を持ってほしい（これがなければチームは滅びる）
②何のための試合なのか、その目的、目標を明確に持ってほしい
③監督が何を求めているのか、それを知ってほしい
④野球が仕事なのか、それとも勝つことが仕事なのか、自覚してほしい（もちろん後者が正解である）
⑤ファンが何を要求し、何に感動するのか考えてもらいたい

〈選手側の要求〉

①自分の能力を評価してほしい
②自分に何を期待しているか教えてほしい

③ 結果が駄目だった時、その過程を知ってほしい
④ ライバルに比べて自分の評価が低いのはなぜか、教えてほしい
⑤ 自分が言った意見に対し、いいか悪いか、悪いのであれば何がどう不十分なのか教えてほしい

これを見てわかるように、監督が「チーム優先」で物事を考えているのに対し、選手はあくまでも「個人主義」である。

監督（リーダー）と選手（部下）それぞれが、「何をしてほしいか」を互いに理解していれば、その組織は自ずといい方向に進んでいくだろう。無論、肝心なのはリーダーたる者が部下にそれを気づかせることである。そしてリーダーも「俺がリーダーだ」と踏ん反り返っているのではなく、部下の思いに寄り添うことも必要だ。

Memo

監督は「チーム優先」、選手はあくまでも「個人主義」

おわりに

私が現役引退を決意したのは45歳の時。西武ライオンズの一員として1980年のシーズン終盤を戦っている最中だった。

忘れもしない阪急戦。1点差を追う8回、ランナー1・3塁の好機に私に打順がまわってきた。

犠牲フライでも1点という場面だった。「最低でも同点にする」と意気込んでバッターボックスに向かおうとした時に、根本陸夫《りくお》監督から声をかけられた。

「野村、代打だ」

最初は、監督が何を言っているのか理解できなかった。南海ホークスでレギュラーに定着してから20年以上、私は常にプロ野球の第一線で戦ってきた。代打を出されたのはこの時が初めてだった。悔しさとともに、熱い怒りのようなものが込み上げてきた。

そして私はこの時、チームの勝利を求める一選手として思ってはいけないことを思ってしまった。

「この代打策、失敗しろ」

私の代わりにバッターボックスに立った鈴木葉留彦《はるひこ》の打球がセカンドに転がった。ダブルプレーでチェンジ。その時、私はまた思ってしまった。

「ざまあみやがれ」

監督兼選手を務めていた南海ホークスを退団し、ロッテオリオンズ、西武ライオンズとわたり歩いているうちに、私はいつしか「チームプレー」より「個人プレー」のほうに重きを置くようになってしまっていた。

寄る年波には勝てず、体力は衰えていく一方である。若手に追い抜かれていく恐怖心で、心に余裕がなくなっていたのかもしれない。

帰りの車の中で、私はハンドルを握りながら、今の自分が「情けない人間」になってしまっていることに気づいた。そして思った。

「もう潮時だな」

翌日、私は根本監督に「今シーズン限りで現役を引退します」と告げた。

強いチームは、チーム内で激しい競争があり、そこで切磋琢磨することでさらに選手個々が能力をアップさせていく。ひとつ勝つたびに「よし、明日も勝とう」と自発的に互いを鼓舞するからチームの雰囲気も盛り上がる。

一方、弱いチームの選手は、チームの勝利より自分の成績のことしか考えていない。チームメートがどうなろうとまったく気にせず、それどころか先述した私のように「失敗しろ」と願うような、足の引っ張り合いのようなことも起こってくる。弱くてやる気がなくなり、やる気がないからさらに弱くなる。まさに負のスパイラルである。

あの時、引退を決意しなければ、きっと私は西武ライオンズに悪影響を及ぼすだけの選手になっていただろう。だから私は、あの時の決断をまったく後悔していない。

そもそも、私がプロ野球選手を目指したのは、女手ひとつで私を育ててくれた母に恩返しがしたかったからだ。母への感謝の気持ちが、当時の私の原動力だった。

そしてその後、私は「メモを取る」という習慣を身に着け、いろいろな人と出会い、さらにたくさんの書物を読むことで「一野球選手」というよりも「ひとりの人間」としてその幅を広げることに努めてきた。

人生の経験を積めば積むほど、「自分は誰かに支えられて生きている」ということを強く実感する。

感謝の気持ちを持っている人間は強い。私のメモを見直してみても、チームメートやコーチ、裏方のスタッフ、応援してくれるファンへの感謝の気持ちがいたるところに綴られている。振り返ってみれば、その感謝の思いがここ一番の勝負所で、「よし、やってやる」という集中力につながっていたように思う。逆に感謝の気持ちのない人は、自分のためだけにプレーしているので、勝負所で気負いだけが空まわりすることとなるのだ。

私は歴代2位となる現役通算657本の本塁打を記録しているが、この記録にしても「たくさんホームランを打とう」と思って打ち立てたものではない。

そもそも本塁打は、「ホームランを打とう」と思って打てるものではない。本塁打を狙うと、体に変な力みが生まれ、打球が飛ばなくなる。

しかし、チームのため、勝利のためと思えば「ヒットを打って次につなごう」という思考となり、変に力むことなく、フルスイングできる。この思いっきりが本塁打につながり、結果としてチームを勝利に導いてくれたのである。

「個人の成績アップがチームへの貢献につながる」と考えている選手がたまにいるが、それは違う。「チームの勝利を目指し、それぞれが取り組んだ結果、個人の成績もアップする」のが正しい考え方だ。

だから、私はヤクルトの監督となってから「チームのために戦え」「まわりへの感謝の気持ちを忘れるな」と選手たちに口酸っぱく言い、ミーティングでもそれを忘れないようにメモを取らせ続けた。

思い続けることもとても大切だが、自分の書いた文字を読み返すことでその思いが強く心に焼きつけられていく。この繰り返しこそが、チーム力を高めていく上で何よりも大切なのだ。

野球に限らず、この社会で生きている限り、人間はひとりでは何もできない。そのことを今一度、私たちはしっかりと認識すべきだろう。

そうすれば、まわりの人たちに対する感謝の気持ちが生まれ、「みんなに報いたい」「組織に貢献したい」という思いが沸き上がってきて、その思いが自分の力を2倍にも3倍にもしてくれる。

近年、スポーツの世界で「モチベーション」という言葉をよく聞くが、そんな言葉を持ち出すまでもなく、「感謝心」があればやる気も持続力も自然に生まれてくるものなのだ。

本書では「メモを取ることの重要性」をここまでずっとご説明してきた。とりあえず、本書を閉じた後、あなたが感謝している人、あるいは感謝していることをメモに書き出してみてはいかがだろう。

あなたの新たな人生の第一歩が、きっとそこから始まるはずである。

野村克也

メモは連想を呼び
創造力を刺激する

野村克也　（のむら　かつや）
1935年京都府生まれ。京都府立峰山高校卒業。54年、テスト生として南海ホークス（現福岡ソフトバンクホークス）に入団。3年目でレギュラーに定着すると、以降、球界を代表する捕手として活躍。70年には南海ホークスの選手兼任監督に就任し、73年にパ・リーグ優勝を果たす。78年、選手としてロッテオリオンズ（現千葉ロッテマリーンズ）に移籍。79年、西武ライオンズに移籍、翌80年に45歳で現役引退。27年間の現役生活では、三冠王1回、MVP5回、本塁打王9回、打点王7回、首位打者1回、ベストナイン19回と輝かしい成績を残した。三冠王は戦後初、さらに通算657本塁打は歴代2位の記録である。90年、ヤクルトスワローズの監督に就任。低迷していたチームを立て直し、98年までの在任期間中に4回のリーグ優勝（日本シリーズ優勝3回）を果たす。99年～2001年、阪神タイガース監督。06年～09年、東北楽天ゴールデンイーグルス監督。著書に『野村ノート』『エースの品格　一流と二流の違いとは』（以上、小学館）、『野村の流儀』（ぴあ）、『野村再生工場 叱り方、褒め方、教え方』（角川書店）、『なぜか結果を出す人の理由』（集英社）など。

野村《のむら》メモ

2018年12月20日　初版発行

著　者　野村克也 ©K.Nomura 2018
発行者　吉田啓二

発行所　株式会社日本実業出版社　東京都新宿区市谷本村町3-29　〒162-0845
大阪市北区西天満6－8－1　〒530-0047
編集部　☎03-3268-5651
営業部　☎03-3268-5161　振　替　00170-1-25349
https://www.njg.co.jp/

印 刷／壮光舎　製 本／若林製本

この本の内容についてのお問合せは、書面かFAX（03-3268-0832）にてお願い致します。
落丁・乱丁本は、送料小社負担にて、お取り替え致します。

ISBN 978-4-534-05650-4　Printed in JAPAN